Susanne Feddern

Hallo, Mami, ich bin's

Briefe von Kater Louis

Susanne Feddern

Hallo, Mami, ich bin's

Briefe von Kater Louis

TRIGA – Der Verlag

Bibliografische Information der Deutschen Bibliothek
Die Deutsche Bibliothek verzeichnet diese Publikation in der
Deutschen Nationalbibliografie;
detaillierte bibliografische Daten sind im Internet über
http://dnb.ddb.de abrufbar.

1. Auflage 2008
© Copyright TRIGA – Der Verlag
Herzbachweg 2, D-63571 Gelnhausen
www.triga-der-verlag.de
Alle Rechte vorbehalten
Lektorat: Waltraud Steffens, Tawern
Druck: Daten- & Druckservice Spengler, 63486 Bruchköbel
Printed in Germany
ISBN 978-3-89774-612-1

Ein Euro pro Buch geht als Spende an den
Tierschutz – Kastration und Schutz herrenloser Katzen e.V.

Ich widme dieses Buch meinem lieben Mann, der meine Leidenschaft für Katzen so sehr teilt, mich in allem unterstützt und der schon auf so vieles für ihn Wichtige verzichtet hat, damit ich meine vierbeinigen Lieblinge in allen Lebenslagen treu umsorgen kann.

Ein besonderer Dank gilt Monika, die mir einst ein Katzenbuch schenkte (»Das Glück ist eine Katze«, von Eva Berberich). Es sollte mir über den Tod meiner ersten Katze Tiger hinweg helfen. Es hat mir so viel Freude gemacht und ich möchte diese Freude weitergeben mit meiner Erzählung von »Louis« und seiner Weggefährtin »Tigi«.

Ein großes Dankeschön gilt auch Karin, die sozusagen die Rolle als »Louis' Hebamme« übernommen hat. Durch sie brachte mein Katerchen mich ja erst auf die Idee, seine Erlebnisse niederzuschreiben.

Momente des Glücks und Momente der Trauer hat unser Tierarzt mit uns geteilt, und deswegen gilt auch ihm ein ganz besonderer Dank. Mit all seinem medizinischen Wissen hat er unseren kleinen Schutzbefohlenen zu einem langen, sorgenfreien Leben verholfen.

Die tatkräftige Unterstützung in unserer Abwesenheit verdanken wir Gitta, die mit all ihrer Liebe unsere kleinen Mitbewohner aufopferungsvoll pflegt und dies auch noch unendlich oft tun möge!

Nicht zuletzt ist dieses Buch auch ein Andenken an meine erste Katze Tiger, die ich bis zum Schluss begleiten durfte ...

Inhalt

Kapitel 1

Louis' Umzug

06.12.07

Uijuijui, Mami, ich kann Dir sagen, das war ein aufregender Tag ... Gestern, als mein neues Frauchen mich abgeholt hat, hat sie gesagt, wir fahren jetzt in einem Auto über die Autobahn. Das hat mir gar nicht gefallen. Es war so schrecklich dunkel und überall waren kleine Lichter und alles ging so schnell. Mami, ich hab ganz schön geweint. Es war alles so schwer für mich. Ich habe Euch alle so sehr vermisst ...

Aber mein neues Frauchen und mein neues Herrchen sind ganz lieb zu mir. Da, wo ich jetzt wohne, wohnt schon eine andere Katze. Es ist ein Mädchen. Sie sieht aus wie eines meiner Geschwister. Aber sie ist schon ein bisschen älter als ich. Fast zwei Jahre. Na ja, wie soll ich sagen, sie ist halt ein Mädchen, ein bisschen zickig. Und sie hat mich ganz schön angefaucht. Dabei will ich doch gar nichts Böses von ihr. Ich will doch nur spielen.

Aber, Mami, weißt Du, ich sehe das ganz gelassen. Ich ignoriere sie einfach ganz oft und irgendwann geht ihr die Luft aus. Sie ist auch schon ruhiger geworden. Ich darf sogar schon in ihrer Gegenwart spielen, ohne dass sie mich gleich wieder in den Bettkasten schickt.

Übrigens ist es ganz schön cool hier. Ich habe ziemlich viel Platz. Wir können uns prima aus dem Weg gehen, wenn uns danach ist.

Mein Frauchen hat sogar die erste Nacht mit mir im Badezimmer verbracht. So konnte ich mich erst mal erholen und ein bisschen Ruhe gewinnen. Aber sie hat mir so ein komisches Klo ins Badezimmer gestellt, da habe ich nicht hinein gemacht.

Und ich musste sooo nötig ... Sie hat es ja nur gut gemeint. Am Morgen hat sie mich dann auf Tigis Klo gesetzt.

Oha, das tat gut ...

Na ja, und das Essen ist absolut o.k. Es gibt hier ganz viele Sorten. Man entdeckt in jedem Zimmer ein neues Schälchen.

Heute Mittag haben wir einen neuen Kratzbaum bekommen. Für mich ist ja alles hier neu. Gefällt mir gut, das Ding, nur benutzen darf ich es noch nicht so oft. Dann schimpft Tigi. Sie hat gesagt, das ist *ihr* Nikolausgeschenk.

Keine Sorge, Mami, mein Charme wird sie überzeugen. Bald liegen wir beide ganz gemütlich darin!

Heute Abend hat mein Frauchen die Ente gemacht. Das roch ganz lecker, aber probiert habe ich sie nicht. Na ja, und nun habe ich mir gedacht, ich erzähl Dir noch schnell, dass ich mich jetzt schon wohler fühle.

Mein Frauchen hat Tigi und mich nach dem Essen zusammen im Wohnzimmer gelassen, damit wir uns besser kennenlernen. Und ich finde, das war auch gut so. Mein Frauchen hat mit mir gespielt.

Hier ist schon ganz schön viel Spielzeug. Und beim Spielen kam Tigi auch immer wieder ganz neugierig dazu. Sie hat zwar immer wieder ein bisschen gefaucht, aber ich glaube, das war nur Imponiergehabe. Das habe ich ihr natürlich nicht gesagt. Mädchen müssen ja auch nicht alles wissen!

Als ich dann keine Lust mehr hatte zum Spielen, haben Tigi und ich uns auf der Treppe getroffen. Dort haben wir uns lange unterhalten. Das habe ich Frauchen selbstverständlich nicht gesagt, sie glaubt natürlich, dass wir uns jetzt wegen ihres Einflusses besser verstehen. Aber Frauchen müssen ja auch nicht alles wissen ...

Na fein, Mami, Tigi liegt jetzt oben auf ihrem alten Kratzbaum und guckt uns zu, ich liege bei Frauchen auf dem Sessel und diktiere ihr den Text.

Ich bin jetzt echt müde ... Grüß meine Geschwister und meine Familie ganz lieb.

Ich glaube, nein, ich bin sicher, ich werde mich hier wohl fühlen.

Schlaf gut, Mami!

Dein Kleiner.

Übrigens, Frauchen sagt, die Ente war klasse und sie hat sich ganz doll über die Namensliste gefreut. Demnächst kannst Du mich dann mit meinem neuen Namen ansprechen.

Ich hab Dich lieb!

Kapitel 2
Ein unheimliches Tier

08.12.07

Na, Mami, gestern habe ich mich ganz schön erschrocken ...
Ich habe unter Frauchens Bett so eine gemütliche Kuscheldecke entdeckt, da schlafe ich so schön. Plötzlich werde ich wach. Da war so ein schrecklicher Lärm. Ich habe ganz laut nach Frauchen gerufen, aber sie hat es nicht gehört. Dann habe ich noch lauter gerufen, weil ich solche Angst hatte. Irgendwann hat Frauchen mich dann endlich gehört.

Oh je, da hat sie sich aber erschrocken und sie wusste gar nicht, was los war. Und dabei habe ich doch so ganz laut Bescheid gesagt. Plötzlich wurde es ganz leise, als Frauchen kurz weggegangen war. Dann kam sie wieder und hat mich ganz doll getröstet.

Sie hatte da so ein komisches Tier im Badezimmer, jedenfalls hatte ich so etwas noch nicht gesehen. Sie zog es hinter sich her. Es hatte auch keine Beinchen, nur so komische runde Dinger an der Seite, die haben sich gedreht.

Dann hat Frauchen es mir genauer gezeigt. Sie hat mich auf den Arm genommen und mich zu diesem Ding hingetragen und es gestreichelt, um mir zu zeigen, dass es ganz lieb ist. Sie hat dann drauf getreten und dann fing es wieder an, so einen Lärm zu machen.

Frauchen hat mich beruhigt, ich war aber ganz schön aufgeregt. Na ja, und dann hat sie gesagt, dass es ein Staubsauger ist. Irgendwie kannte ich das Wort. Ich glaube ihr, aber ich mache lieber trotzdem einen Bogen um das komische Tier ...

Und eine ganze Weile später wurde es wieder so laut. Es hat sich aber irgendwie anders angehört als das Geräusch von vorhin.

Ich habe dann wieder ganz laut nach Frauchen gerufen. Hat wieder ein bisschen gedauert, bis sie es gehört hat. Dann kam sie aus dem Badezimmer.

Ach du Jemine, voller Sorge hat sie mich wieder ganz doll gedrückt. Ich glaube, sie hat sich gar nicht überlegt, dass mich das erschrecken könnte.

Und dann hat sie mir wieder so ein komisches Ding gezeigt. Das war ungefähr so groß wie ich und hatte einen irre langen Schwanz. Sie hatte mich ja auf dem Arm, dann hat sie mich beruhigt, dieses andere komische Ding gestreichelt und mir gesagt, dass es ganz lieb ist.

Sie hat dann irgendwas gedrückt und dann wurde es wieder laut. War irgendwie alles wie vorhin. Aber ich war ja sicher, ich war ja beschützt auf Frauchens Arm. Dann hat sie wieder was gemacht und dann war es leise.

Du, Mami, und dann hat sie an dem langen Schwanz gezogen, der steckte irgendwie fest in der Wand. Sie hat dann zu mir gesagt, jetzt geht das Ding – sie hat gesagt, es heißt Fön oder so ähnlich – schlafen.

Dann hat sie ein Türchen aufgemacht und es da hineingelegt.

Armes Ding, nun liegt es da im Dunkeln, ohne was zu essen und zu trinken! Aber Frauchen hat gesagt, das gehört so. Es ist alles o. k. Ich glaube ihr, sie ist ja ganz lieb zu mir.

Übrigens durfte ich heute Abend schon mit Tigi auf ihren Kratzbaum! Ich habe Dir ein Bild geschickt.

So, jetzt habe ich Hunger!

Grüß alle ganz lieb von mir und ganz besonders Tante Samantha! Frauchen hat erzählt, dass sie krank ist. Wir schicken ihr alles Liebe und ganz viel Gesundheit und hoffen, dass sie bald wieder zu Hause ist. Drückt sie von uns!

Bis bald
Dein Kleiner

Kapitel 3
Es gibt so viel Neues ...

11.12.07

Wir haben heute Eure Post gelesen, vielen Dank dafür. Wir sind sehr besorgt um Samantha. Wenn wir irgendwie helfen können, lasst es uns wissen! Nun ist es morgen schon eine Woche her, dass ich umgezogen bin. Es kommt mir vor, als wäre es erst gestern gewesen. Es gibt so viel Neues zu lernen und zu entdecken und Tigi hilft mir dabei. Sie ist zwar manchmal ganz schön streng, aber sie tut mir nicht weh. Frauchen sagt, sie hat es auch nicht leicht mit mir und sie ist eben eine kleine Prinzessin. Ich dachte mir, sie freut sich, wenn ich mal mit ihrem Schwänzchen spiele, aber ich glaube, das fand sie gar nicht so lustig. Da hat sie mich ganz schön angefaucht ... Heute war sie auf ihrem Klo und da dachte ich, geh mal mit. Ich habe dann zugeguckt. Frauchen hat gesagt, ich soll aber nicht gleichzeitig mit ihr rein. Das ist zu eng. Na ja, dann habe ich eben gewartet, bis sie fertig ist. War ja auch o. k.

Was natürlich ganz wichtig ist, ich habe jetzt einen Namen. Ich heiße Louis! Mir gefällt der Name, ich höre zwar noch nicht drauf, aber das ist ja im Moment auch noch nicht so wichtig. Das »s« spricht man nicht mit, hat mir Frauchen erklärt, es ist die französische Variante.

Vorgestern war es ganz nervig hier. Herrchen und Frauchen wollten Fernsehen gucken und da klingelte das Telefon. Die beiden hatten es sich so richtig gemütlich gemacht und keiner hatte so recht Lust ans Telefon zu gehen. Da beschlossen beide zu warten, ob es noch mal klingelt. Das tat es dann auch. Frauchen ging ran, aber es rauschte nur, hat sie gesagt. Dann klingelte es wieder. Wieder Rauschen. Das ging den ganzen Abend so, bis die beiden genervt den Stecker herausgezogen haben.

Am nächsten Tag, als sie den Stecker wieder rein gesteckt haben, ging es schon wieder los. Es hörte nicht mehr auf zu klingeln.

Frauchen sagt, es lag an der kaputten Leitung. Und dann hat sie sie einfach durchgeschnitten. Die neue Leitung hängt ja schon lange da, sagte sie und sie hat versucht, alles zu reparieren. Und, was soll ich sagen, jetzt funktioniert sogar wieder alles und es rauscht nicht mehr.

Ich habe noch etwas Neues gelernt: Ich muss jetzt auch Zähnchen putzen. Tigi kennt das schon und sie findet es richtig doof. Aber Frauchen sagt, das ist ganz wichtig. Sie hat bestimmt recht, na ja, ich mach es dann mal mit.

Gekämmt werde ich jetzt auch täglich. Am Bäuchlein kitzelt das immer ein bisschen.

Gestern habe ich mit Tigi ein wenig Ärger bekommen. Da machte Frauchen wieder so ein leckeres Essensdöschen auf und, was soll ich sagen: Mann, war das lecker! Das war so lecker, dass ich einfach das Gefühl hatte, das muss ich unbedingt alles alleine essen. Ich konnte gar nicht aufhören ...

Na ja, und Tigi hat wohl das Gleiche gedacht. Sie kam dann an und ich habe geknurrt, so laut ich konnte. Ein paar Mal! Ich wollte das eigentlich gar nicht, aber ich konnte nicht anders.

Sie ging dann weg, ließ mich zu Ende essen und als ich dann später an ihr vorbeiging, hat sie mich angefaucht und mir eine kleine Ohrfeige verpasst ... War nicht schlimm und eigentlich hatte sie ja recht, ich hätte sie ja auch essen lassen müssen.

Frauchen hat sich auch bei uns beiden entschuldigt. Sie sagt, sie hätte das Essen auf zwei Schälchen tun sollen, dann hätte es keinen Streit gegeben. Es tat ihr ganz doll leid. Jetzt bekommen wir immer zwei Schälchen gleichzeitig.

Eigentlich Quatsch, sich wegen des Essens zu streiten, es

steht ja in jedem Zimmer eine andere Sorte. Frauchen sagt, das ist wohl ein bisschen Futterneid.

Ich habe zu Hause Fischchen entdeckt. Weil ich so klein bin, habe ich sie noch gar nicht sehen können. Ich bin immer daran vorbeigelaufen. Frauchen hat mich jetzt auf den Arm genommen und sie mir gezeigt. Ich wollte sie anfassen, aber das geht nicht. Die sind hinter einer Glasscheibe, sagt Frauchen. Vielleicht nimmt sie die ja auch bald weg.

Tigi und ich haben uns ja auch am ersten Abend durch eine Glasscheibe kennengelernt. Frauchen hatte Angst, dass Tigi mir was tut. Bestimmt hat Frauchen jetzt auch Angst, dass ich den Fischchen was tu ...

Übrigens, ich war heute das erste Mal ganz kurz draußen. Das war aber ganz schön kalt. Ich musste auch schnell wieder rein, damit ich mich nicht erkälte. Ich bin ja noch so klein.

Frauchen war mit Tigi im Garten und anschließend auf dem Balkon. Da hab ich gesehen, dass Tigi hinausgegangen ist. Ich habe mich erst gar nicht richtig getraut, aber dann habe ich zwei Schrittchen gemacht, geschnuppert, und dann ging's wieder rein.

Frauchen schnuppert immer an mir, sie sagt, ich rieche so gut. Ein bisschen nach Kuchen und Marzipan. Tigi mag sie auch so gerne riechen.

Wenn Frauchen mich auf den Arm nimmt und mich ganz lieb anguckt, gebe ich ihr immer ein Nasenstupserchen. Das mag sie so gerne ...

Ach Mami, ich könnte stundenlang weitererzählen. Aber jetzt können wir ja wieder telefonieren. Sehen wir uns Samstag? Frauchen würde sich mächtig freuen. Sie hat gesagt, sie macht dann wieder eine Ente. Es tut ihr immer noch leid, dass sie meine »Willkommensente« alleine aufgegessen haben ...

Herrchen hat Samstag nämlich Weihnachtsfeier und da könnten wir schön klönen.

Übrigens, Frauchen hat sich ganz doll über die Rosen gefreut und über die Weihnachtsgeschichte. Eigentlich wollte sie die Rosen ja zurückschicken, wie es am Ende der E-Mail steht, aber sie sagt, sie kann immer nur 4 MB mitschicken. Ich habe keine Ahnung was das heißt. Und sie wollte so gerne wieder ein Bild von mir mitschicken.

Ganz liebe Grüße und ganz viel Gesundheit für Tante Samantha!

Euer kleiner Louis

Kapitel 4
Die ersten Scherben

15.12.07

Oh, Mann, ich habe Mist gebaut. Frauchen war ganz traurig ...

Ich habe das ja eigentlich gar nicht gewollt. Also, ich war gerade so in Fahrt, bin herumgetollt und da habe ich die schicken Bommelchen den Tisch herunterbaumeln sehen. Ich habe mit meinem Pfötchen daran getippt und dann fingen sie an zu baumeln. Das hat mir gefallen, da habe ich weitergemacht. Na ja, und dann wollte ich gucken, ob auf dem Tisch noch mehr so schicke Bommelchen liegen.

Ich habe mich dann hoch gehangelt. Aber die Bommelchen kamen schon eher runter, bevor ich mich nach oben hangeln konnte. Und mit den Bommelchen kam so ein großes Tuch, das sah aus wie ein Schal, und auf dem Tuch stand was, was ganz fürchterlich klirrte, als es dann runterkam ... mit dem Tuch, ... mit den Bommelchen ... und mit mir ...

Und dann kam Herrchen. Er hat dann gleich Frauchen gerufen. Die war ganz traurig. Sie hat nicht wirklich mit mir geschimpft. Sie war eigentlich nur traurig. Sie hat gesagt, sie hat ja selbst schuld. Sie hätte das Geschirr ja gleich wieder wegräumen können. Und nun hat sich das erledigt ...

Aber das ist inzwischen schon vergessen. Und es gibt ja auch viel schönere Dinge zu erzählen. Tigi und ich, wir haben uns noch mal zusammengesetzt. Frauchen war so traurig, dass wir uns manchmal ganz schön gestritten haben. Sie hat sich so gewünscht, dass wir uns beide vertragen, hat sie uns gesagt.

Tigi und ich, wir haben dann geredet und versucht, einen Weg zu finden. Abends haben wir Frauchen dann überrascht. Sie hat sich auf die Couch gelegt und mit einer Decke zugedeckt. Dann ist Tigi, wie immer, zu ihr hinauf gesprungen und hat sich mit ihr schlafen gelegt. Und dann kam ich! Ich habe noch ein bisschen gewartet, es sollte ja nicht gleich so auffallen. Mann, Frauchen hat sich vielleicht gefreut!

»Ihr beide, zusammen mit mir auf der Decke, das gibt's ja gar nicht. Vorhin noch gestritten und jetzt so lieb vereint. Da macht ihr mir aber eine Riesenfreude!«

Na, die Überraschung ist uns ja wohl gelungen. Tigi ist auch gar nicht so verkehrt. Im Gegenteil, ich mag sie richtig gerne. Sie ist manchmal einfach nur ein bisschen streng. Ich bin ja auch ihr erster Sprössling, den sie mit groß zieht. Na ja, und ein bisschen bin ich ihr wohl auch schon ans Herz gewachsen. Sie hat mir nämlich zweimal das Öhrchen geleckt. Am Morgen, als wir aufgewacht sind. Ehrlich gesagt, da bin ich ein bisschen rot geworden ... Aber das hat ja zum Glück keiner gesehen.

Frauchen hat so gelacht. Meine Geschwister, sagt sie, haben »Atomfutter« bekommen, weil sie so aktiv sind.

Da musste ich schon schmunzeln. Ich glaube, meine Geschwister wissen gar nicht, was »Atomfutter« ist, denn die haben mich ja noch nicht »in Action« gesehen!

Gestern, als ich mal wieder unter dem Bettchen geschlafen habe, habe ich gehört, wie Frauchen fragte: »Wo ist denn der kleine Louis?«

Und Herrchen hat geantwortet: »Psst, lass ihn mal schön schlafen, er ist gerade so schön ruhig, Er liegt unter dem Bett.«

Komisch, dachte ich, es ist doch schön, wenn man laut polternd durchs Haus tobt und fröhlich das eine oder andere auf den Boden schmettert ...

Übrigens finde ich es total spannend, wenn Frauchen unser Klo saubermacht. Wenn ich es rascheln höre, laufe ich immer schnell hin. Frauchen holt dann mit der Schaufel die – sie sagt immer »Pischikügelchen« – raus. Ich muss immer dabei sein. Am liebsten hüpf ich dann auch gleich rein.

Ich kann gar nicht verstehen, dass Frauchen mich dann immer wieder rausschickt. Sie sagt immer zu mir: »Nein, kleiner Louis, siehst du die rote Ampel?«

Ob ich dann wohl warten soll? Jedenfalls bin ich echt froh, dass Tante Samantha wieder bei Euch zu Hause ist. Grüßt sie ganz lieb von uns!

Tigi hatte gestern und heute Durchfall. Frauchen ist heute zu zwei Tierärzten gefahren, die hatten aber beide zu. Frauchen sagt, Tigi darf nicht alles essen, und bei Medikamenten muss sie auch vorsichtig sein, weil Tigi nicht alles verträgt. Ich gebe ihr nachher ein kleines Küsschen, wenn sie schläft, damit sie schnell wieder gesund wird!

Ich habe Euch lieb!

Der kleine Louis

Kapitel 5
Von »Louis-Tüten« und Wurmkuren

20.12.07

Mann, wie die Zeit vergeht! Frauchen sagt, heute ist ein kleiner Geburtstag. Ich bin ja am 20.09. geboren und heute ist wieder der 20. und ich bin jetzt schon 14 Wochen auf der Welt! Klasse, und es ist alles immer noch so aufregend.

Frauchen hat mich gewogen. Sie hat mich in ein kleines Schüsselchen gesetzt, da war ein Handtuch drin. Aber das war alles ein bisschen wackelig. Das Schüsselchen hat geschaukelt, wenn man es bewegt hat.

Sie hat mich dann ganz vorsichtig erst mit den Hinterbeinchen hineingestellt und dann langsam hinein gesetzt. Dann bin ich umgekippt. Ich habe mir aber nicht wehgetan. Frauchen war ganz besorgt. Sie hat gesagt:»Du musst mal einen Augenblick ganz still halten, mein kleiner Louis-Schatz!«

Na ja, und dann haben wir es noch einmal probiert. Noch mal ganz langsam. Ich habe dann ganz still in dem Schüsselchen gesessen, ich habe ganz genau hineingepasst. Ich habe gar nicht mehr gewagt zu atmen. Es war ganz wackelig.

»1,8 Kilogramm! Na, das ist aber fein, mein Schatz!«, hat Frauchen dann gesagt. Sie freut sich immer, wenn es mir so gut schmeckt.

Das ist aber auch alles ganz schön lecker. Herrchen sagt, ich habe schon drei Tonnen Futter im Bäuchlein. Ist das viel?

Frauchen sagt, er soll mich nicht ärgern. Sie braucht sich aber keine Sorgen machen. Ich weiß, dass er mich ganz doll lieb hat. Frauchen sagt, ich werde bestimmt mal ein kleiner Arnold Schwarzenegger. Sieht der aus wie mein Papa?

Ich glaube, ich habe mein Frauchen ein bisschen geärgert. Wir hatten so schön geschlafen, ich hatte mir's mal wieder unter dem Bettchen gemütlich gemacht, und dann bin ich irgendwie wach geworden.

Hmm, dachte ich, dann kann ich die Zeit ja auch mal zum Spielen nutzen und da bin ich unter dem Bettchen hervorgekrabbelt.

Und, wie der Zufall es wollte, da habe ich ein kleines Mäuschen entdeckt. Das trifft sich gut, dachte ich, mir war ja sowieso jetzt ein bisschen langweilig. Da habe ich angefangen zu spielen. Und dann fing Frauchen an, sich immer öfter im Bett zu drehen. Und dann ist sie wach geworden. »Louis, jetzt nicht spielen«, hat sie gesagt. »Jetzt wollen wir schlafen. Es ist schon spät.«

Tja, habe ich gedacht, dann mach mal, Frauchen. Ich bin jetzt nicht mehr müde. Ich spiel schon mal weiter. Ich glaube, das fand sie nicht gut. Sie wollte, dass ich aufhöre. Aber das hat doch gerade so einen Spaß gemacht! Und schließlich kann sie ja mitspielen. Genau! Frauchen kann ja nachher weiterschlafen. Jetzt spielen wir! Ich habe noch ein bisschen lauter gespielt, weil ich die Idee so gut fand.

Oje, dann ist Frauchen aufgestanden. Sie hat mir einfach das Mäuschen weggenommen und in den Flur geworfen. »So«, sagte sie, »kleiner Schatz, Herrchen und Frauchen müssen jetzt schlafen. Du kannst im Flur spielen.«

Na, das war ja vielleicht doof! Im Flur ist doch Teppich! Da klackert das doch längst nicht so schön, wenn man mit dem Mäuschen spielt ...

Am nächsten Tag war aber wieder alles o. k. Frauchen hat gesagt, sie war so müde und sie hat sich tausend Mal entschuldigt, dass sie mein Mäuschen und mich einfach in den Flur geschickt hat. O. k., ich habe die Entschuldigung angenommen.

Frauchen hat mir heute erzählt, dass ich ein Kind der Liebe bin. Das hört sich gut an. Das hört sich sehr gut an! Sie hat gesagt, meine Mama hat sich ihren Liebsten selbst ausgesucht und dann bin ich entstanden. Frauchen sagt, das ist nicht immer so. Ganz oft werden Mamas und Papas von den Menschen zusammengebracht.

Da hatte ich das schon ganz schön gut. Und darauf bin ich stolz! Richtig stolz!

Wenn Frauchen uns ruft, sagt sie oft »Schieterbüxen«. Sie hat mir heute erklärt, was das heißt und dass sie das ganz lieb meint. Frauchen hat gesagt, sie braucht heute eine »Büx« von mir. Jetzt wusste ich ja, was sie meint. Da konnte ich aber nicht. Sie hat mich dann immer wieder ins Klo gesetzt und ganz lieb: »Bitte«, gesagt.

Ich konnte doch aber nicht auf Kommando!

Dann hat sie gesagt: »Dann versuchen wir's morgen noch mal.«

Na ja, das hat sie dann auch gemacht. Es war noch ganz dunkel draußen. Sie sagte, sie wollte schon ganz früh gucken, damit sie keine »Büx« verpasst. Und dann kam sie auch. Die kleine »Büx«. Frauchen hat sich ganz doll gefreut. Sie hat mir was Kaltes, Rundes unter den Popo geschoben und da ist sie dann raufgeplumpst. Oh, da war Frauchen aber stolz! Sie hat gesagt, sie braucht das für den Onkel Doktor. Von dem bekommt sie dann eine Wurmkur für mich. Was das wohl ist? Na, ich werd's schon früh genug erfahren, was es ist, wenn sie nachher wiederkommt.

Igitt, ich kann Euch sagen! Jetzt weiß ich, was das ist. Frauchen kam nach Hause und hatte so ein langes weißes Ding für mich mitgebracht. Ich mein, sie war ja ehrlich. Sie hat gesagt: »Louis, ich weiß, dass dir das nicht schmecken wird. Aber es ist ganz wichtig für dich.«

Na ja, ich habe gedacht, so schlimm kann es ja nicht sein. Es war ja bisher alles lecker, was sie mir gegeben hat. Ich dachte, ich probier einfach mal.

Sie hat mir dann das lange Ding ein bisschen ins Mäulchen

geschoben und dann kam da was raus. Puuuh, war das bitter! Das war ja eklig! Schnell weg, dacht ich.

Aber Frauchen hatte wohl schon damit gerechnet. Sie hat mich auf ihrem Schoß festgehalten. Dann hat sie mir einen Augenblick Zeit gelassen, und dann hat sie mir das Ding noch mal ins Mäulchen geschoben. Und dann noch ein drittes Mal. Bääh! Das will ich nie wieder. Ich war empört!

Aber sie hat gesagt, ich habe das ganz fein gemacht. Na ja, wenn sie meint ...

Irgendwie hatte ich von diesem komischen Zeug nachher was im Kragen und ihm Öhrchen. Ich habe das gar nicht alleine wieder rausbekommen. Aber Frauchen hat mir geholfen. Und dann hat sie mir wieder was Leckeres gegeben, damit ich den blöden Geschmack loswerde! Dann war ich wieder zufrieden.

Am Anfang fand ich es ziemlich doof, und gekitzelt hat es auch am Bäuchlein. Frauchen sagt aber, es ist ganz doll wichtig: das Kämmen. Mittlerweile habe ich mich daran gewöhnt.

Das ist ganz wichtig, sagt Frauchen, sonst verfilzt mein Kleidchen, sagt sie, dann kann man die Knötchen nur noch herausschneiden. Das will ich ja nicht. Und außerdem will ich ja Tigi gefallen! Tigi ist ja auch so hübsch. Frauchen sagt immer: »Meine kleine schwarze Lady, meine Prinzessin.«

Sie findet uns beide wunderschön. Das sagt sie auch jedem ganz stolz. Sie fotografiert uns ganz oft. Ich bin manchmal ganz doll liebebedürftig, sagt Frauchen. Ich bin ja auch noch klein. Wenn ich dann manchmal wach werde und schlecht geträumt habe, dann rufe ich ganz laut.

Frauchen kommt dann ganz schnell und nimmt mich auf den Arm, wie ein Baby, das von seiner Mama gewiegt wird, sagt sie. Sie wickelt dann den Pullover, den sie an hat, um mich und legt mich in diese »Tüte«. Das ist schön warm und kuschelig. Sie liebt es ganz doll, wenn ich dann so kräftig schnurre, wie ich kann. Ich kann! Und wie!

Als Frauchen vorhin vom Einkaufen gekommen ist, hat sie einen Karton mitgebracht. Das war cool! Da konnte man sich richtig drin verstecken. Ich glaube, Tigi hat das Gleiche gedacht. Sie wollte mit rein. Das war aber irgendwie zu eng. Na ja, und da haben wir uns gestritten. Tigi hat dann gefaucht, aber ich habe gewonnen. Ich weiß gar nicht, ob das so gut war.

Jedenfalls hat Frauchen beim nächsten Mal, als sie einkaufen war, noch einen Karton mitgebracht. Jetzt haben wir beide einen. Trotzdem wollen wir immer gleichzeitig in denselben Karton. Das macht ja auch viel mehr Spaß! Mir jedenfalls ...

Frauchen sagt immer, ich soll mich auch ein bisschen durchsetzen. Tigi bleibt zwar Chefin, aber ganz unterkriegen lassen soll ich mich auch nicht. Ich soll ja schließlich meine kleine »Louis-Welt« erkunden. Und die wird jeden Tag ein bisschen größer ...

Übrigens ist Montag immer »Aquarium-Tag«, sagt Frauchen. Frauchen ist aber ein bisschen im Weihnachts-Stress. Deswegen mussten die Fischis bis Donnerstag warten, bis sie saubergemacht wurden.

Ich habe denn mal ein bisschen mitgeholfen. Frauchen hat mich wieder in ihre »Pullover-Tüte« gelegt und mit sich rum getragen. Weil ich das so wollte. Sie hatte dann zwar für alles nur eine Hand frei, aber egal, ich konnte schön zugucken. Als dann aber noch das Telefon klingelte, hat sie mich abgesetzt. Das hat mir nicht gefallen, ich habe protestiert. Schließlich ist es ja so schön kuschelig in der »Pullover-Tüte«. Na bitte, geht doch! Und schon war ich wieder auf dem Arm!

Beim Wäschesortieren habe ich dann auch geholfen. Da hat Frauchen sich gefreut. Sie hat gesagt, es hat zwar ein bisschen länger gedauert, weil sie mich ja wieder auf dem Arm hatte, aber das macht ja nichts, schließlich habe ich ja mitgeholfen!

Frauchen hat heute den Müll raus gebracht. Dann kam sie wieder rein und wollte neue Tüten in den Mülleimer tun. Da wollte ich natürlich auch helfen. Das wollte sie aber nicht. Sie hat gesagt, das ist zu gefährlich. Man kann in der Tüte ersticken oder sich am Henkel erwürgen. Bestimmt hat sie recht, aber ich wollte doch nur helfen!

Na ja, ich find schon was anderes, worüber sich Frauchen freut, wenn ich was tun kann. Tigi hilft schließlich auch immer, wenn Frauchen vom Einkaufen zurückkommt. Sie setzt sich dann ins Fahrradkörbchen und lässt sich umhertragen, wenn Frauchen die Sachen wegräumt.

So, Mami, jetzt mach ich erst mal Schluss. Ich will nämlich mit Tigi spielen.

Bis bald!

Dein kleiner Louis

Kapitel 6

Ein Schritt zu viel ...

21.12.07

Ich habe mir wehgetan! Ich weiß gar nicht, wie ich das gemacht habe. Frauchen saß im Esszimmer und ich habe auf dem Kratzbaum geschlafen. Dann bin ich runter gegangen, weil ich Hunger hatte. Ich habe noch einen kleinen Zwischenstopp auf dem Lammfell gehalten, weil das so gut riecht und dann war es plötzlich da: Ich konnte nicht mehr richtig laufen! Mein rechtes Bein tat weh und ich konnte nicht richtig auftreten. Ich habe geweint. Frauchen hat sofort geguckt. »Was hast du denn, mein Schatz? Du humpelst ja!« Dann hat sie mich ganz vorsichtig auf den Arm genommen. Sie hatte Angst, dass ich mir was gebrochen habe.

Aber ich konnte ja noch alle Beinchen bewegen. Sie hat mich dann ganz vorsichtig auf meinen Rücken gelegt. Dann lag ich da so auf ihrem Schoß und wusste gar nicht, was sie mit mir machte. Sie hat dann ganz vorsichtig meine Beinchen gestreichelt und ganz langsam bewegt.

Aber das tat nicht weh. Es tat eigentlich nur weh, wenn ich auftrat. Dann hat sie mich erst mal nur noch getragen. Herrchen war auch fix und fertig.

Dann hat Frauchen beschlossen, dass ich erst mal nicht mehr so viel laufen soll. Sie hat dann alles ins Wohnzimmer gebracht. Das Klo, alle Näpfe, alle Decken, und dann hat sie für uns ein Bettchen gebaut mit Matratzen und Decken. Das war ganz gemütlich. Sie hat Tigi erklärt, dass das erst mal nur für diese Nacht ist. Sie wollte morgen mit mir zum Onkel Doktor. Dann hat sie die Türen zugemacht und dann haben wir zu dritt im Wohnzimmer übernachtet. Tigi musste mit, weil wir nur ein Katzenklo haben.

Ich fand das alles gar nicht so schlimm. Und überhaupt! Ich hatte ja schließlich Lust, weiter zu toben! Na ja, und da beschloss ich, erst mal wieder den Kratzbaum in Angriff zu nehmen.

Ach du liebe Güte! Dann ist Frauchen gleich wieder hoch geschreckt. »Louis, mein Kleiner, du sollst doch erst mal nicht klettern!«

Und schwupp, war ich wieder unten! Ich wollte jetzt aber noch nicht schlafen. Aber Frauchen wollte ich natürlich auch nicht ärgern. Also, was blieb mir übrig, ich hab dann eben gewartet, bis sie wieder eingeschlafen ist ...

Kapitel 7

Der Duft der großen, weiten Welt

22.12.07

Na, das war ja vielleicht wieder mal aufregend! Mein Beinchen tut zwar immer noch irgendwie weh, aber laufen kann ich trotzdem. Und springen auch. Aber Frauchen hat gesagt, wir gehen heute trotzdem zum Onkel Doktor, weil ich immer noch ein bisschen humple. Na gut. Dann gehen wir eben.

Herrchen kam dann nach Hause und Frauchen hatte wieder das Körbchen bereitgestellt, in dem sie mich nach Hause geholt hatte. Mit einer ganz dicken Decke drin. Es war ja ganz schön kalt draußen. Dann hat sie mich da rein gehoben und das Gitterchen davor gemacht.

Ich hatte ein bisschen Angst. Und dann habe ich angefangen zu weinen. Ich habe mich an die vielen Lichter erinnert und alles war so dunkel draußen und so laut, und alles war plötzlich so anders, als Frauchen mich damals abgeholt hatte. Ich war traurig. Ich habe mich an alles wieder erinnert. Und dann fuhren wir los. Es war wieder genauso dunkel und laut.

Dann hat es plötzlich so geruckelt auf der Straße. Frauchen sagt, das ist nicht schlimm. Hier ist die Straße ein bisschen holprig. Ich habe gar nicht so richtig hingehört. Ich wollte wieder zu Tigi. Tigi ist nämlich zu Hause geblieben. Die hatte keine Lust, mitzukommen.

Dann saß ich nun da, in diesem Körbchen und konnte nicht raus. Frauchen hat dann immer ihre Finger durch das Gitterchen gesteckt und ich mein Pfötchen durch das Gitter nach draußen.

Frauchen hat die ganze Zeit mit mir geredet. Eigentlich war es mir egal, was sie erzählt hat, ich habe gar nicht zugehört. Aber trotzdem war es schön, wenn sie gesprochen hat. Das war so vertraut und hat mich ein bisschen abgelenkt. Dann kamen noch mehr Lichter.

»Jetzt sind wir gleich da, kleiner Schatz!« Das war mir auch egal. Ich wollte nach Hause!

Herrchen hielt an. Dann hat Frauchen mich in ein Haus getragen, da roch es so komisch. So, als ob da noch andere Kätzchen wohnten. Aber es roch auch noch so anders. Ich kannte das alles nicht.

Dann hat Frauchen sich hingesetzt und mich auf den Schoß genommen. Im Körbchen.

Herrchen ist dann wieder weggegangen.

Frauchen hat dann ein bisschen das Gitterchen aufgemacht. Sie hat ihre Hand auf mich gelegt. War das schön!

»Aber nur ein bisschen, Louis. Du kannst nicht ganz herauskommen. Guck mal, da hinten ist ein kleiner Wauzi!«

Wauzi??? Was war das denn? Gut, da hinten war noch jemand. Eine Frau. Sie hatte auch was bei sich auf dem Schoß sitzen. Das hat sich bewegt. Es roch aber irgendwie anders. Gesagt hat es gar nichts. Ich habe ein paar Mal aus meinem Körbchen geguckt und wollte »Hallo« sagen. Kam nichts. Keine Reaktion. Na ja, dann habe ich mich wieder gemütlich hingelegt. Jetzt passierte ja nichts mehr.

Herrchen war inzwischen auch wieder zurückgekommen und hat sich neben Frauchen gesetzt. Jetzt war wieder alles o. k. Aber irgendwie komisch war das alles schon.

Dann kam jemand und hat den »Wauzi« abgeholt. Hmm, jetzt waren wir da alleine. Frauchen hat gesagt: »Jetzt sind wir auch gleich dran. Und dann können wir ganz schnell wieder nach Hause.«

W i e »dran«??? Kommt doch noch was? Ich denke, wir sitzen jetzt hier gemütlich! Ich warte mal ab. Dann passierte erst mal wieder nichts. Dann kam der »Wauzi« plötzlich wieder. Dann standen Frauchen und Herrchen wieder auf und Frauchen trug mich woanders hin.

Da waren noch andere Leute. Und es war da ganz hell. Na, und da hat es vielleicht spannend gerochen. Ich war ganz aufgeregt.

Frauchen hat jetzt den Deckel von meinem Körbchen abgemacht und ich konnte besser gucken. Da war so ein Onkel, der hat mich angefasst. Ganz vorsichtig. Dann hat Frauchen von meinem Beinchen erzählt, dass ich humple. Er hat meine Kniechen abgetastet. Er hat gesagt, meine Kniescheibe ist locker. Ob das schlimm ist??? Frauchen war auch ganz besorgt. Aber der Onkel hat gesagt, ich soll erst mal noch ein bisschen wachsen. Ich bin noch so klein. Wir warten noch mit dem Röntgen. Was ist das denn? Kann man das essen? Und dann kam da eine Frau, die hat was mitgebracht. Das hat sie dem Onkel Doktor gegeben. Dann hat er mich gekämmt. Das kannte ich ja schon von Frauchen. Das war nicht schlimm. Dann war da plötzlich was, worüber alle erstaunt waren.

»Das ist Fridolin«, hat dann der Onkel gesagt.

»Ach, du Jemine!«, war Herrchens Kommentar. »Wo kommt der denn her?«

Wovon reden die eigentlich???

»Den habe ich eben aus der Tasche gezaubert«, hat der Onkel Doktor gesagt. Soll Frauchen einen anderen Kamm kaufen? Ich verstand nur »Bahnhof«. Dann haben mich der Onkel und die andere Frau ganz doll festgehalten und ziemlich doll gestreichelt. Und dann hat es im Rücken gepiekst. Au!

»So«, hat der Onkel gesagt, »das brennt dann jetzt noch ein bisschen.« Und dann hat er mich gestreichelt.

Dann hat Frauchen mich wieder eingepackt. Ganz warm. Es war ja immer noch kalt draußen. Jetzt war ich schon wieder ein bisschen fröhlicher. Frauchen hat gesagt, wir fahren jetzt nach Hause. Und dann wurde es wieder dunkel.

Ein bisschen Angst hatte ich schon. Aber Frauchen ist ja immer lieb, und wenn sie sagt, wir fahren jetzt nach Hause, dann glaube ich ihr auch. Das war ja alles ganz schön aufregend. Das muss ich Tigi gleich erzählen.

Und dann waren wir tatsächlich wieder zu Hause. Ich habe zwar vorsichtshalber noch ein bisschen protestiert, damit Frauchen nicht noch auf andere Gedanken kommt. Aber sie hat Wort gehalten. Dann waren wir wieder drin.

Gott sei Dank! Mist, Tigi war nicht da! Jedenfalls habe ich sie nicht gleich gesehen. Ich muss doch so viel erzählen. Frauchen hat sie gerufen. Dann kam sie ganz verschlafen von oben. Mensch, Tigi, ich habe vielleicht was Aufregendes erlebt! Frauchen sagt, wir waren beim Onkel Doktor.

Und deswegen weckst du mich?

Jetzt war ich ein bisschen enttäuscht. Das war doch alles neu für mich ...

Frauchen hat mich ganz doll gelobt. Sie hat gesagt, ich mach das schon wie ein »Großer«. Dann hat sie Tigi erklärt, dass wir beide Flohmittel bekommen.

Ob das schmeckt? Das ist bestimmt wieder ein Leckerli!

Und dann hat Frauchen gesagt, ich darf nicht mehr so viel essen. Weil ich dann so schnell wachse und das ist nicht gut für meine Knochen. Und im Moment sowieso nicht, weil mein Kniechen ja noch weh tut. Das hört sich gar nicht gut an. Hoffentlich werde ich noch satt! Auf jeden Fall war ich jetzt mächtig stolz!!

Frauchen hat dann zu Hause alle unsere Schlafdecken weggenommen.

Ach du liebe Güte, dachte ich, was kommt denn nun?

Dann hat sie gesagt, das ist wichtig, die werden alle gewaschen, damit ihr gesund bleibt. Wir wollen ja keine Flöhchen haben.

Dann habe ich Tigi erst mal alles erzählt. Sie fand das gar nicht so spannend. Sie sagt, da müssen wir öfter hin, und sie findet das jedes Mal richtig doof. Dann hat sie mir auch erklärt, dass ich Frauchen ruhig vertrauen kann und dass sie vielleicht beim nächsten Mal mitkommt. Dann sind wir schlafen gegangen.

Frauchen ist dann nachts wach geworden, weil sie nicht mehr schlafen konnte. Es war noch ganz dunkel. Dann hat sie auch noch die restlichen Decken weggenommen. Sie hat gesagt:»Das muss sein. Morgen sind sie alle wieder trocken und duften schön.«

Und dann ist sie mit Tigi Zähnchenputzen gegangen. Später war ich dann dran.

Frauchen hat gesagt:»So, jetzt bekommst du noch eine Medizin.«

Na, heute überrascht mich gar nichts mehr. Erst waren die Zähnchen dran. Dann hat sie ein kleines Ding ausgepackt und es mir gezeigt.»Das ist gut für dich, mein Schatz!«

Na ja, wenn sie meint ... Und dann hat sie mich auf ihren Schoß gesetzt und meine Härchen im Nacken festgehalten.

Eigentlich wollte ich jetzt wieder runter. Ging nicht. Frauchen hat mich ein bisschen festgehalten. Dann hat sie das Ding an meinen Nacken gehalten. Dann wurde es ein bisschen nass und hat gejuckt.

»Siehst du, mein Schatz, das war's schon. War gar nicht schlimm, oder?«

Na ja, ich hätte auch darauf verzichten können. Ich kam da ja gar nicht so richtig dran, wo sie das drauf gemacht hat. Das hat ganz schön doll gejuckt. Kratzen ging ja noch einigermaßen. Aber ich wollte mich da jetzt sauber machen, im Nacken. Es ging nicht. Ich kam da einfach nicht dran.

»Tigi ist auch schon fertig.«

Jetzt muss ich erst mal Tigi fragen.

Ist schon o.k., Kleiner, das gibt's öfter mal. Geht nach 'ner Zeit vorbei.

Na, wenn das alle sagen, wird's wohl stimmen. Na, Gott sei Dank. Fresschen ist ja noch da. Ich ruh mich jetzt erst mal aus.

Kapitel 8

Der Heilige Abend

24.12.07

Hallo, Mami!

Frohe Weihnachten!

Da ist ja wieder soooo viel passiert. Vorgestern habe ich mich verlaufen. Frauchen hat gesagt, sie wollte kochen. Tigi und ich sollten ein »Mithelferchen« machen. Dann ging Frauchen aus der Küche raus und wollte noch etwas holen.

Ich dachte, ich geh denn mal mit. Dann hat sie eine große Tür aufgemacht, da sind ganz viele Sachen dahinter gewesen. Ich konnte das alles so schnell gar nicht sehen. Ich musste ja nun genauer gucken. Ich unten, Frauchen oben.

Dann hatte Frauchen beide Arme voll, das konnte ich noch sehen und dann wurde es dunkel. Ganz dunkel. Und Frauchen war weg und ich war ganz alleine. Hinter dieser großen Tür, wo die ganzen Sachen dahinter waren! Hmm, dachte ich, und nun? Na, dann geh ich mal weiter.

Da war ganz viel Platz, das war wohl auch ein Zimmer, aber da stand ganz viel rum. Gott sei Dank bin ich noch so klein. Ich passte überall zwischen. Ich bin da ein bisschen spazieren gegangen. Dann hat es gescheppert. Ich bin irgendwo gegen gelaufen. Draußen hörte ich Frauchen rufen: »Louis, wo bist du denn? Du wolltest doch ein *Mithelferchen* machen.«

Na, hier bin ich doch! Es hörte sich an, als ob Frauchen ganz weit weg ist. Dann hat sie noch mal gerufen. Dann hat es wieder gescheppert, weil ich mich umgedreht habe. Ich bin irgendwo hängen geblieben. Da war ja auch so 'ne enge Stelle.

Jetzt hatte ich irgendwie Angst. Ich war so alleine. Dann habe ich erst mal ganz laut miaut. Frauchen hat's gehört. Dann hat sie noch mal gerufen. Ihre Stimme wurde lauter. Ich noch mal ganz, ganz laut miaut. Dann wurde es hell.

»Hier ist ja mein kleiner Louily. Du darfst doch nicht einfach in den Schrank laufen!«

So, so, ein Schrank war das also!

»Ach, und ein Bierchen wolltest du trinken! Du hast ja die ganzen Flaschen umgehauen.«

Na ja, das war mein Erlebnis hinter der großen Tür ...

Obwohl ich doch vorgestern so schön mitgeholfen hatte, gab's keine Belohnung! Ich muss mich heute glatt beschweren. Ich weiß nur noch nicht, bei wem.

Ich war müde und Frauchen war im Bad. Ich bin zu ihr gegangen, weil ich auf den Arm wollte. Ich habe mich hinter sie gesetzt.

»Na, kleiner Louily, was ist denn?«

Na ja, was denn wohl? Ich bin müde.

»Hast du Hunger?«

Seh ich hungrig aus? Ich habe doch miaut, ich bin müde.

»Bleib mal schön bei mir, dann kannst du ein bisschen zugucken, wie Frauchen sich die Haare wäscht.«

Ich will nicht zugucken. Ich bin nur müde. Und ich will auf den Arm!

»Guck, mein Schatz, das ist Shampoo.«

Das interessiert mich nicht, Frauchen, ich will jetzt sofort auf den Arm!

»Warum miaust du denn, mein Schatz, möchtest du auf die Heizung? Ist dir kalt? Komm, her, ich heb dich hoch.«

Nein, Mann, ich will nicht auf die Heizung! Was macht sie denn jetzt? Jetzt bückt sie sich ins Waschbecken und nun läuft da ganz viel Wasser über ihren Kopf? Nimm mich doch endlich mal wieder von der Heizung runter! Ich will nicht auf der Heizung sitzen.

»Was ist denn, kleiner Louis-Schatz? Ich kann jetzt nicht mit dir schmusen. Ich tropf ja alles voll.«

Deswegen ja! Ich habe doch rechtzeitig Bescheid gesagt, ich bin müde!

»Warte, mein Kleiner, ich nehme kurz das Handtuch um, und dann bau ich dir deine *Louis-Tüte* auf dem Fußboden.«

Auch das noch! Ich will doch auch nicht auf dem Fußboden abgelegt werden ... Inzwischen bin ich aber so müde, dass es mir schon egal ist. O. k., Frauchen, bau meine »Louis-Tüte«, ich hab ja doch keine Chance. Beim nächsten Mal muss ich, glaub ich, energischer sein.

Gestern hat Frauchen fürchterlich viel zu tun gehabt. Sie hat gesagt, sie muss noch alles waschen, weil sie zwischen Weihnachten und Neujahr nicht wäscht. Sie hat gesagt, das passt ganz gut.

Tigi und ich haben ja vor ein paar Tagen das komische Zeug in den Nacken bekommen. Und nun hat Frauchen gedacht, sie will auf Nummer sicher gehen.

»So, Schatzi, jetzt bist du kein *Flouily* mehr. Wenn da wirklich noch einer gewesen sein sollte, dann ist er jetzt im Ausguss!«

Was meint sie denn damit?!?

Abends hat sie dann zu Herrchen gesagt: »Ich glaube, wir stellen den Baum schon mal auf. Für den Kleinen ist es das erste Weihnachten.« Damit war ich wohl gemeint. »Dann kann er sich schon mal daran gewöhnen. Morgen hänge ich die Kugeln auf.« Und dann hat sie was großes Grünes reingeholt. Es sah aus wie ein neuer Kratzbaum, aber irgendwie auch nicht. Dann hat sie das Ding in ein ganz großes Schüsselchen gestellt. »Damit er nicht umkippt.«

Aha.

»So, Louily, mein Kleiner, da darfst du jetzt nicht raufklettern.«

Nicht???

»Tigi kennt das schon. Sie darf das auch nicht. Also, mach schön, was Tigi sagt!«

Schade, wäre doch echt spannend gewesen! Ich habe dann mein »o. k.« miaut. So eins mit Anlauf. Sagt Frauchen immer. »Kleiner Louis, du miaust ja immer mit Anlauf.« Also, ich mach das dann so, dass ich erst mal mit einem »rrrrrrrrrr« anfange. So hinten im Hals. So wie Gurgeln ... Tiefe Tonlage natürlich. Dann kommt ein aaoouuuhhooo. Gleich im Anschluss. Erst etwas höher die »aa's«, die »oo's« dann wieder ein bisschen tiefer, das »uuuhh« ganz hoch und am Schluss wieder etwas tiefer das »ooo«. Dann weiß Frauchen, das Ganze geht klar!

Heute ist Weihnachten. Mein erstes Weihnachten! Ich habe ganz schön gestaunt. Das grüne Ding haben Tigi und ich in Ruhe gelassen. Heute hat Frauchen dann ganz viele bunte, glitzernde Kugeln da drangehängt. Und immer mehr. Und Lämpchen. Das sah hübsch aus. Ich habe mich auf den Rücken gelegt, meine Pfötchen übereinander gelegt und zugeguckt. Dann habe ich ganz tief geseufzt ...

»Och, mein Kleiner, hast du es so schwer?«

Das war nur ein »Stauner-Seufzerchen«, Frauchen, alles o. k.!

Abends waren Tigi und ich dann alleine. Es war schon dunkel, als Herrchen und Frauchen wieder gekommen sind.

»So, ihr beiden Süßen, nun gibt's Geschenke!«

Wir hatten gerade so schön geschlafen ... Dann sollten wir auspacken. Was ist denn »auspacken«, bitteschön?

Frauchen hat sich zu uns auf den Boden gesetzt und uns was Buntes hingelegt. Dann hat sie eins von den bunten Paketen aufgerissen. »So, ich helf euch mal.« Dann hat sie die Tüte aufgemacht.

Mmmh, das roch aber gut! Und geschmeckt hat's! Dann

waren da noch zwei runde Dingerchen, die hat Frauchen dann auch aufgemacht. Ooh, die waren noch besser. Da haben Tigi und ich dann erst mal reingehau'n. Gab auch keinen Streit. War genug für beide da. Und dann war da noch was. Das war ganz groß und eckig.

»Hier kann ich eure Leckerlis drin verstecken.« Und dann hat sie auch schon damit angefangen. Das waren ganz viele kleine Schüsselchen in dem großen, eckigen Ding, und überall hat Frauchen was Leckeres rein getan.

Ich hatte mich schon gefreut und wollte gerade einen Satz machen, damit ich vor Tigi da war, aber dazu kam ich gar nicht.

Frauchen hat auf die ganzen Leckerlis kleine Deckelchen gelegt. Plötzlich waren sie alle wieder weg. Das war ja gemein!

»So, ihr Süßen, jetzt könnt ihr, wenn ihr Hunger habt, die Deckelchen selbst aufschieben. Da ist überall etwas anderes drunter.«

Klar haben wir Hunger! Na, ich jedenfalls!

»So, guckt, das geht ganz einfach.« Da war plötzlich wieder ein Schüsselchen offen.

Ich bin gleich hingelaufen. O.k., das hab ich kapiert. Geht ganz einfach. Tigi fand's doof. Schön für mich!

Kapitel 9
Mutiger Louis

27.12.07

Da bin ich wieder!

Heute war ich mit Frauchen auf dem Balkon. Das erste Mal so richtig. Ich mein, so ein, zwei Schrittchen hatte ich ja schon mal draufgesetzt. Aber heute hat Frauchen die Sessel draußen benutzt. Und ich habe mich auch drauf gesetzt. Tigi war sowieso schon draußen. Aber die kennt das ja auch schon. Dann hat Frauchen ihren Tee draußen mit uns getrunken. Mann, das war aufregend! Da saß ich dann so auf dem Stühlchen, und da kam ein rieeesengroßes Auto vorbei. Ich hab mich beeilt, dass ich ganz schnell wieder rein kam. Womöglich wäre der noch hoch zu uns gekommen! Dann habe ich lieber nur noch von innen durch das Fenster geguckt. Da war das Auto wieder weg. Aber ich bin lieber drin geblieben.

Tigi war immer noch draußen. Hmm, da wollte ich noch mal ganz mutig sein. Ich hab so getan, als wenn nichts wär. Bin dann ganz cool noch mal raus gegangen. Ich kann euch sagen, mir haben vielleicht die Beinchen geschlottert! Hat aber keiner gemerkt.

Dann hab ich mich wieder aufs Stühlchen gesetzt. Mann, war ich mutig!!!

Kapitel 10

Die Taufe

28.12.07

Mami, ich glaube, ich werd alt ...

Jedenfalls sagt Frauchen das immer, wenn sie etwas vergessen hat. Und ich habe etwas vergessen zu erzählen, etwas ganz Wichtiges. Sagt Frauchen jedenfalls, sie sagt, das war etwas ganz besonders Wichtiges. Ich bin jetzt nämlich getauft! Und zwar am Heiligen Abend. Das war alles so aufregend, dass ich nicht mehr an alles Wichtige gedacht habe ...

Frauchen und Herrchen waren in der Küche. Da hat's einen Knall gegeben. Ich habe mich erst mal erschrocken ...

Dann sind sie beide zu mir ins Wohnzimmer gekommen und haben Tigi dazu gerufen. Frauchen hat mich dann hochgehoben und mit meinem Rücken auf ihre Beine gelegt.

»So, mein lieber kleiner Louis, jetzt wirst du getauft«, hat sie gesagt. Und dann hat sie ihr Glas genommen und ihre Finger eingetaucht. Als sie sie wieder herausgenommen hat, hing ein Tröpfchen dran. Das hat sie mir dann aufs Köpfchen getupft. Und das drei Mal! Das hat ganz komisch gerochen. So ein bisschen sauer.

Tigi kam auch gleich an und hat an meinem Köpfchen geschnuppert. Frauchen hat dann gesagt: »Wir taufen dich jetzt auf den Namen Louis. Möge der liebe Gott dich auf all deinen Wegen begleiten und beschützen! Bleib immer gesund und glücklich und werde gemeinsam mit uns steinalt. Mögest du eines Tages mit Tigi gesunde, glückliche Kinderchen haben und mit Tigi ein wunderschönes Leben verbringen! Amen.«

Na, nun lag ich da mit meinem nass getropften Köpfchen und habe mich gar nicht mehr zu Tigi getraut. Ich roch ja jetzt ganz anders, und da habe ich gedacht, jetzt haut sie mich bestimmt gleich wieder ... Aber gar nicht! Sie hat mir ein Küsschen gegeben. Das war meine Taufe.

Kapitel 11
Fußball, Tränchen und eine kleine Wiese

29.12.07

Na, das war ja wieder ein Ding!

Setz ich mich doch gestern Abend ganz lieb vor Herrchens Couch, guck ihn gaaaanz lieb an, so richtig treu, hab mein Köpfchen dann noch ein bisschen schief gelegt und dann hab ich losgelegt. Ich mein, so richtig! Geschnurrt, was das Zeug hält! Und ihn angeguckt! Und geschnurrt! Und? Der Hammer war die Reaktion ... Nämlich gar nichts! Tatsächlich nichts! Er hat mich nicht mal registriert!!!

Na, dachte ich, ich kann noch lauter! Dann hab ich noch mal einen zugelegt. Alle Stimmbänder aktiviert und geschnurrt wie 'n Weltmeister. Das konnte er einfach nicht mehr ignorieren. Und ob! Das gibt's doch einfach nicht!!!

Es gab Fußball ...

Das werd ich mir merken! Jetzt war ich beleidigt. Ich hatte alles gegeben ... Herrchen hat mich nicht mal zur Kenntnis genommen! Traurig war ich auch noch. Es gibt Momente, da möchte man sich einfach nur noch zurückziehen. Ich glaub, das war ein Tränchen, was dann aus meinem Äuglein gekullert ist.

Als ich mich wieder beruhigt hatte, kam ich wieder aus meinem Bettkasten hervor.

Dann hatte Frauchen zufällig gerade eine Überraschung für uns. »So, meine Schätze, hier hab ich was für euch.« Dann hat sie so 'ne Schale zu uns runter gestellt, da guckten grüne Spitzen raus. Ich hab dann mal dran geschnuppert.

Uuiih, das hat gepiekst! So ein bisschen ins Näschen. War aber nicht schlimm, war irgendwie auch weich, wenn man mit dem Pfötchen drauf gedrückt hat.

»Das könnt ihr essen. Knabbert mal dran. Das ist Gras. Extra für Kätzchen!«

Gras? Was ist das denn? Tigi kannte das natürlich schon wieder. Geht in Ordnung, Kleiner, kannst mal reinbeißen. Na ja, denn! Wenn ihr alle meint ... Mmh, schmeckt gar nicht so schlecht. Aber so gar nicht nach Fleisch ... Und wo ist die Soße?

Kapitel 12
Rommé für Große

30.12.07

Manchmal ist Tigi richtig langweilig. Nie will sie spielen, wenn ich Lust hab. Och, Mann! Gestern wollte ich Schwänzchenfangen spielen, da faucht sie mich an und geht einfach nach oben! Frauchen hat das mitbekommen.»Ihr beiden Süßen, streitet euch nicht! Wollen wir zusammen Mäuschen spielen?« Dann hat sie alle Mäuschen eingesammelt, die wir so haben, und hat sich auf die oberste Stufe gesetzt. Dann hat sie von oben immer die Mäuschen runter geworfen und wir sollten sie hochbringen.

Das haben wir natürlich nicht gemacht. Wir haben sie erst mal alle runter werfen lassen.

»Ihr müsst sie auch wieder hochbringen! Ich hab jetzt keine Munition mehr.« So heißt bestimmt das letzte Mäuschen, das sie runter geworfen hat ...

»Dann muss ich sie wohl wieder alleine holen ...«

Stimmt! Da waren Tigi und ich uns einig. Hol mal, Frauchen, du sagst ja auch immer, du musst dich mehr bewegen, weil du zugenommen hast. Nun mach schon!

Und dann hat sie sich in Bewegung gesetzt, alle Mäuschen und »Munition« eingesammelt, und dann fing sie wieder von vorne an. Bis sie alle wieder nacheinander runter geworfen hat.

Tigi und ich, wir haben uns dann wieder ganz artig auf die Treppe gesetzt und Frauchen mit großen Augen angeguckt.

»Ihr wollt bestimmt wieder, dass ich alle aufsammle, stimmt's?«

Fein, Frauchen, du lernst schnell! Dann hatte Tigi irgendwann keine Lust mehr. Ich wollte aber noch weiterspielen. Los, Frauchen, noch mal!

»Manchmal kann ich Tigi verstehen, du kleines Energiebündel. Jetzt kann ich gleich nicht mehr. Willst du noch 'ne Runde?

...tüüürlich!!!

»Ich merk schon, die kleine Tigi will Rommé spielen und der kleine Louis will auf den Rummel ..!«

Hmm, ist Rommé ein Rummel für Große ...?

Kapitel 13
Frauchen spielt Fußball

31.12.07

Gestern haben Frauchen und ich Fußball gespielt! ... Und ich war der Ball ...

Na ja, so ganz so schlimm war's eigentlich nicht. Frauchen hat draußen die Tannenbäumchen-Beleuchtung angemacht und ist dann ganz schnell wieder rein gekommen, weil's so kalt war. Sie hat dann auch ganz schnell wieder die Balkontür zugemacht, hat sich umgedreht und einen großen Schritt gemacht ... und ich war dazwischen ... Da hat sie mich mal eben unters Bett gekickt.

Ich dachte noch so, bleib mal schön hinter Frauchen, sie freut sich ja immer, wenn ich ein Mithelferchen mache, und dann hab ich eben gleich hinter der Balkontür gewartet.

Sie hat mich wohl nicht gesehen, weil sie sich so beeilt hat. Aua, aua ... Ich hab mich aber mehr erschrocken, als dass es wehgetan hat. Na, man kann sich Frauchens Reaktion wohl vorstellen!

»Oh Gott, oh Gott, mein kleiner Louis! Ich habe dich nicht gesehen! Schatzi, wo bist du? Louilein!«

Dann bin ich ganz vorsichtig wieder unter dem Bett hervor gekrochen ...

»Schaaaatzilein! Hast du dir wehgetan? Ich wollte das nicht! Liebling, ich habe dich nicht gesehen ...«

Ist schon o. k., Frauchen, pass nächstes Mal eben besser auf. Kann ja passieren.

»Komm mal her, mein Kleiner.« Und dann hat sie mich ganz vorsichtig in meine »Louis-Tüte« gewickelt. Das war wieder schön, ach Mann, ich kann's schon gut haben ...! Ich habe dann abends noch mal einen Versuch gestartet, mit Herrchen zu kuscheln. Diesmal hatte ich eine andere Strategie. Bevor Herrchen mich da unten auf dem Fußboden wieder nicht sieht, bin ich gleich zu ihm auf die Decke gehüpft. So, Herrchen, da bin ich!

»Na, mein kleiner Schieter?«

Ja genau! Ich bleib jetzt einfach hier. Ich kuschle mich ein und wir schnurren zusammen.

»Uijuijui, da war ich wohl ganz besonders artig, dass du mich so verwöhnst, kleiner Louis!«

Das hättest du vor ein paar Tagen auch schon haben können! Und dann bin ich nicht mehr von seiner Seite gewichen. Irgendwann bin ich dann eingeschlafen ...

Als ich wieder wach geworden bin, lag ich immer noch da. Siehst du, Herrchen, ist doch schön, mich neben sich liegen zu haben!

Kapitel 14
Bunte Vorfreude

01.01.08

Hallo Mami!

Ich wünsche Dir ein frohes neues Jahr! Frauchen hat nämlich gesagt, das sagt man so, wenn ein neues Jahr beginnt. Das war jetzt mein erstes Silvester. Eigentlich war Tigi aufgeregter als ich. Herrchen und Frauchen sind schon früh weggegangen. Frauchen hat gesagt:»So, ihr beiden Süßen, heute knallt es draußen manchmal. Das machen die Leute so, wenn sie Silvester feiern. Das soll die bösen Geister vertreiben.«
Böse Geister? Bestimmt sind das die, die immer so laut klingeln, wenn man gerade so schön schläft ...
»Da müsst ihr aber keine Angst haben. Wir kommen wieder, wenn es schon dunkel ist. Und wenn es dann draußen manchmal knallt, wird es auch ganz hell am Himmel und bunt. Das sind Raketen, die in die Luft geschossen werden.«
So, so. Ich will aber nicht bunt werden. Ich möchte so bleiben, wie ich bin. Wirf mich bloß nicht in die Luft!
»Bevor es aber ganz doll zu knallen anfängt, sind wir wieder da. Seid ganz lieb und passt gut auf euch auf! Wir lieben euch!«
Da passierte aber erst mal gar nichts. Kommt vielleicht noch. Bis nachher, Frauchen, viel Spaß. Ich mach jetzt mein Mittags-Heia. Und zwar mit Tigi!
Tigi hat sich in Frauchens Bettchen gelegt und ich hab's mir daneben auf dem Kratzbaum gemütlich gemacht. Geht doch!

Kapitel 15
Von Lappen und Klobürsten

02.01.08

Heute war Putztag. Frauchen hat gesagt, sie war einkaufen und nun will sie schon mal ein bisschen von der Weihnachts-Deko abbauen. »Na, wollt ihr zugucken?«

Warum eigentlich nicht? Ich hatte sowieso nichts weiter vor.

Dann ging's los. Im Schlafzimmer. Das Bettchen hat was Neues zum Anziehen bekommen. Dann hat sie einen großen Eimer angeschleppt.

Ich dachte, ich guck da erst mal rein.

»Nicht, Louis, pass auf! Da ist Seifenwasser drin!«

Seifenwasser? Das schmeckt bestimmt auch. Ich probier mal ...

»Louis, nein! Kommst du wohl raus da! Was hab ich eben gesagt?!«

Ist ja schon gut! Du trinkst ja auch immer aus verschiedenen Gläschen. Warum darf ich das denn nicht?

»So ist fein, Schatz. Das ist giftig für dich. Da bekommst du ganz dolles Bauchweh, wenn du das trinkst. Und Durchfall auch.«

Wirklich? Na, wenn du meinst ... Dann eben nicht! Dann hat sie die Fenster damit geputzt. Und hinterher mit einem großen Lappen nachgewischt.

Oh, ich weiß was! Tigi! Tigi, ich hab 'ne Idee! Ich weiß, wie wir Frauchen helfen können. Guck mal, die Lappen, davon hat sie schon wieder einen geholt. Sie braucht bestimmt noch mehr. Kommst du mit, welche suchen?

Nee, wenn sie uns braucht, sagt sie es schon.

Aber wir können sie doch überraschen?!

Lass mal, setz dich einfach hin und guck zu.

Später! Jetzt such ich Lappen. Sie ist ja immer wieder nach unten gegangen, die liegen da bestimmt irgendwo ... Hey, Jupheidi, ich hab sie! Ich hab sie. Tigi, Tigi! Komm mal her, hier liegen Lappen. Cool, ganz viele!

Mann, Junge, ich hab doch gesagt, sie holt sie sich selber! Ach was, pass mal auf. Ich spring da mal rauf und hol einen. Schwupp! Oh!

Ich wollte doch nur einen ... Jetzt liegen alle unten ...

Hab ich doch gesagt. Lass das nach. Was soll der Blödsinn?!

Na, ich bring wenigstens einen hoch, was meinst du? Oh, der ist aber groß! Hilf doch mal, ich schaff das nicht alleine ...

»Wie sieht es denn hier aus? Was macht ihr denn für einen Unsinn? Warum habt ihr denn den Stapel Handtücher umgeworfen? Ihr habt doch euer eigenes Spielzeug!«

Wir wollten doch gar nicht spielen ...

»Kommt, das möchte ich nicht. Ich hab genug zu tun, da möchte ich nicht noch zusätzliche Arbeit haben!«

Frauchen, das ist jetzt aber ungerecht! Wenn der Lappen nicht so schwer gewesen wäre, hätte ich ihn schon längst hoch gebracht ...

»Los ihr beiden, ab ins Wohnzimmer! Geht da schön spielen. So ist's lieb!«

Manchmal ist die Welt ganz schön ungerecht, ich wollte doch nur helfen!

Und dann hat Frauchen eine Tür unten aufgelassen. Die ist fast immer zu. Ich bin da heut mal mitgegangen. Frauchen hat sich da auf ein rundes Stühlchen gesetzt und da blieb sie dann erst mal sitzen.

Ich bin dann hinter ihr mal rum gegangen. Da stand ja vielleicht was Interessantes! Das roch so aufregend. Frauchen hat mich gar nicht bemerkt. Ich hab an diesem Ding da geschnuppert. Das war so pieksig und ein bisschen nass. Wenn man mit dem Näschen dagegen gestoßen hat, fing es ein bisschen an zu baumeln. Und dann bin ich aber da zu doll gegen gestoßen und dann ist es umgefallen ...

»Louis, was machst du denn da? Pfui! Du kannst doch nicht daran schnuppern!«

Kann ich wohl!

»Das ist doch eklig! Pfui, lass das. Das ist schmutzig!«

Na und? Das ist aber hochinteressant!

»Komm da mal wieder raus. Nicht mit der Klobürste spielen!«

Kapitel 16

Katzenstreu und Kissenstapel

03.01.08

Heute war Besuch da. Opa. Frauchen hat ihn jedenfalls so genannt. Auf jeden Fall hatte es erst mal geklingelt. Dann sind Tigi und ich wie üblich unters Bett gelaufen und haben abgewartet, ob wir die Stimme kennen. Ich kannte sie. Weihnachten war Opa nämlich auch da gewesen.

Tigi hat gesagt, ich soll mich immer verstecken, wenn's klingelt. Man kann ja nie wissen ... Tigi sagt, Frauchen hat gesagt, das können auch mal böse Menschen sein oder kleine Kinder. Beide können Katzen wehtun, kleine Kinder sind einfach noch unerfahren. Man muss immer vorsichtig sein.

Ach was, Tigi, ich geh mal gucken. Opa kenn ich ja. Hallo, Opa!

»Oh, guck mal! Eine von euren Katzen sitzt auf der Treppe ...«

»Tatsächlich! Kleiner Louis, du bist aber mutig.«

Wieso? Ist doch Opa!

»Na, mein kleiner Schatz, willst du Opa mal Hallo sagen?«

Hab ich doch gerade!

»Komm mal runter!«

Nö.

»Komm doch mal her, mein Schatz, dann kann Opa dich streicheln.«

Will ich aber nicht! Ich will nur gucken!

»Sooo, mein Schatz, komm mal her ...«

Ich hab doch gesagt, ich will nicht, Frauchen!

»Guck mal, ist er nicht süß?!?«

Was zwitschert Opa mich denn so an? Ich will wieder runter!

Frauchen, nun mach schon. Setz mich wieder auf die Treppe.

»Na, was ist? Willst du runter?«

Das wird aber auch Zeit!

»Dann komm mal her. Sooo. Das war aber lieb von dir! Frauchen geht jetzt los. Wir kommen nachher wieder. Seid schön lieb!«

Klaro! Das musste ich Tigi natürlich erst mal erzählen. Sie hat ja wieder die ganze Zeit unter dem Bett gesessen. Sie sagt, ihr ist das egal. Sie will nicht zu Fremden. Mmh, bisschen komisch ist sie ja manchmal. Eben ein Mädchen ...!

Irgendwann später ist Frauchen dann wieder mitgekommen. Ganz beladen.

Opa war auch noch mal kurz mit rein gekommen und hat einen riesigen Sack im Flur abgestellt. »Damit ihr Kleinen wieder ordentlich büxen könnt.«

Klar, Frauchen, geht in Ordnung. Das reicht ja ewig ...

»So, ihr Süßen, Frauchen backt jetzt einen Kuchen. Tigi hat morgen nämlich Geburtstag. Sie wird zwei Jahre. Es gibt einen Windsor-Kuchen. Genau das Richtige für meine kleine Prinzessin.«

Ich möchte am liebsten einen mit Thunfischgeschmack, Frauchen, kannst ihn aber auch mit Hähnchenstücken backen!

»Na, Louis, was guckst du denn so traurig aufs Aquarium?«

Na, weil ich nichts sehen kann.

»Kannst du die Fischis nicht sehen?«

Sag ich doch!

»Soll ich dir ein Stühlchen holen? Guck mal her, besser?«

Nee, ich kann doch immer noch nicht gucken!

»Irgendwie kannst du ja immer noch nichts sehen. Oder geht das so?«

Hol doch einfach mal ein Kissen oder zwei!

»Ob ich dir vielleicht mal ein Kissen hol?«

Gute Idee. Jetzt bist du ja auch drauf gekommen!

»Besser? Ich leg noch 'ne Wolldecke drauf. Soooo, das ist prima. O. k. jetzt?«

Ja, kannst jetzt den Kuchen backen gehen!

Kapitel 17

Ein ganz besonderes Geschenk

04.01.08

Guten Moooorgen, Tigi! Alles Gute zum Gebuuuurtstaaaag!
Hallo, wach werden!
Oh, Mann, weißt du, wie früh es ist?
Frauchen hat gesagt, halb acht. Du, Frauchen, darf ich mein
Geschenk schon loswerden?
»Na, kleiner Louis? Hast du denn auch ein Geschenk für
Tigi?«
Klar! Komm, Tigi, du kriegst jetzt einen ganz besonderen
Geburtstagsringkampf! Na ja, und später hab ich dann einen
auf den Deckel gekriegt ... Nicht nur wegen dem Geburtstags-
ringkampf. O. k., der war vielleicht ein bisschen heftig. Aber
ich wollte ja auch, dass er Tigi gefällt. Ich hab mich mäch-
tig ins Zeug gelegt. Sie hatte ordentlich mit mir zu tun. Ich
glaube, ich habe gewonnen ... Oder sie hat mich gewinnen
lassen. Auf jeden Fall lag sie irgendwann ganz k. o. auf dem
Boden. Frauchen hat gesagt, ich soll sie in Ruhe lassen, sie
muss sich verpusten. Aber dann hat Frauchen die Tapete gesehen ...
»Louis! Sag mal, spinnst du? Was soll das denn?!?«
Frauchen, das war so ...
»Ich glaub, dir geht's zu gut!«
Lass mich doch kurz erklären, Frauchen ...
»Komm mal her, mein kleiner Freund!« Schwupp, war ich
bei ihr auf dem Arm ...
»Weißt du, dass man das nicht darf?«
Frauchen, da war was unter der Tapete ...
»Ich hab gedacht, du bist gut erzogen.«
... das sah aus wie ein kleiner Käfer. Der war unter der

Tapete eingeklemmt, ich wollte ihn befreien. Ich hab die Beule genau gesehen.

»Mach das ja nicht noch mal!«

Schrei doch nicht so! Ich bin ja nicht taub.

»Damit machst du mich richtig böse.«

Ist ja gut! Ich hab's ja gehört.

»Wehe, ich seh das noch mal!«

Frauchen, ich bin doch neben dir. Schrei mir doch nicht so ins Ohr!

»Und ich hab gedacht, du bist gut erzogen ...«

Ich kann ja nichts dafür, dass der Käfer schon tot war. Ich wollt ihm ja nur helfen.

»Louis, das ist eine Schraube, die guckt ein bisschen aus der Wand. Du musst da nicht weiterkratzen. Die kriegst du nicht weg!«

Ich hab's ja gehört! Ist mir doch auch egal, wie sie heißt!

»Pfui, schäm dich!«

Na, ich werd noch mal so 'ne komische »Käferschraube« retten wollen ...

Abends hat Frauchen sich dann wieder beruhigt ... Als Herrchen kam, gab's Geburtstagskuchen, und Tigi durfte Geschenke auspacken. Ich hab natürlich geholfen. Eigentlich war ich schneller als sie. Sie hatte auch keine Lust auszupacken. Ich fand das toll! Das hat so schön geraschelt. Frauchen hat mich gelobt, dass ich das so gut kann.

»Schade, dass Tigi keine Lust zum Auspacken hat.«

Macht nichts, Frauchen, ich krieg das schon alleine hin!

»Tigi, was ist? Ist das alles zu aufregend?«

Tigi wollte immer wieder nach oben. Sie hatte überhaupt keine Lust auf Geburtstag. Und da waren so tolle Geschenke! Ich hab mich riesig gefreut!

Dann gab's was zu essen. Lecker Hühnchen! Mmh! Ich war richtig kaputt! Ich freu mich schon auf meinen Geburtstag. Frauchen sagt, das ist wie ein kleines Silvester ...

Kapitel 18
Ein kleines Ufo

05.01.08

Mmh, ich hör Stimmen ... Ich glaub Frauchen ist wach. Ich seh sie nicht. Ich geh am besten mal ums Bett. Doch, da ... Jetzt geht ein Arm hoch ... Ich werd mal zu ihr rauf hüpfen! Huhu, Frauchen, guten Morgen.

»Ui, Louis ...«

Hallo, einmal wach werden! Die Sonne scheint!

»... (gähn) ... Das ist aber schön, dass du da bist ...«

Ich hüpf mal ein bisschen mehr, dann geht's schneller ... so, noch mal um den Kopf laufen ... brummmm ...

»Oh, Louis, du bist aber schon fit!«

Na, aber hallo! Ich dreh noch 'ne Runde ...!

»Louily, du umkreist mich ja wie ein Ufo!«

Guck mal, ich bin schon wieder vorne ...

»Sag mal, was hast du denn gefrühstückt?«

Noch gar nichts! Deswegen ja ...! Los, komm schon!

»Fünf Minuten noch ...«

Nix da! Guck mal, jetzt bin ich wieder hinter dir ...

»Ich komm ja gleich ...«

Nicht gleich, jetzt! Kuckuck, ich bin wieder vorne!

»Du kleiner Brummkreisel, ist ja schon gut, ich mach dir dein Frühstück!«

Das hat gut geschmeckt. Und nun? Wollen wir spielen, Frauchen? Guck mal, hier, mit Tigis neuem Spielzeug! Biene Maja! Schwupp!!!

»Na, hast du Tigis Spielzeug entdeckt?«

Los, zieh mal dran, damit Biene Maja fliegt!

»Guck mal, wie schön die kleine Maja fliegen kann.«

Weiß ich doch. Nun zieh doch mal am Gummi!

»Soll sie noch 'ne Runde drehen? Guck mal, wie ein kleiner Propeller!«

Na dann zieh ich eben!

»Aua! Louis, das tut doch weh!«

Au weia, Entschuldigung, Frauchen. Ich hab zu schnell losgelassen.

»Oh, Mann, genau auf meine Nase geprallt. Du kannst doch nicht reinbeißen und damit los laufen. Irgendwann ist doch das Gummiband zu Ende.«

Das hab ich gemerkt. Wollt ich doch nicht! Komm, ich geb dir ein Küsschen!

»Oh, oh, du kleiner Louis, du!«

Später sind Herrchen und Frauchen dann weggefahren, wollten jemanden besuchen. Sie haben Tigis Geburtstagskuchen mitgenommen. Ich hab ihn gar nicht probieren dürfen. Na, vielleicht steht ja oben noch ein Stückchen für uns. Ich guck mal ein bisschen rum ... Mal sehn, ob Tigi oben ist. Tigi, bist du da? Tigi? Hah, da ist sie ja wieder, die blöde Käferschraube. Glaub ja nicht, dass ich dich schon vergessen habe! Du kannst mich mal! Wegen dir hab ich nämlich ganz schön Ärger bekommen. Glaub bloß nicht, dass ich dir noch mal helfe. Pah! Dich hab ich auch gar nicht gesucht! Tigi, wo bist du? Tigi?

Hier, ich ruh mich aus.

Darf ich bei dir bleiben?

Ja, aber nicht in meinem Teppich!

Ist ja schon o. k. Du hast doch aber gestern noch einen zweiten bekommen.

Egal, das sind beide meine. Du kannst dich darunter hinlegen.

Na gut, dann mach ich's mir eben da bequem. Ach du Jemine! Was ist denn jetzt los?

Oh, du bist aber auch ein Trottelchen! Du hast dich mit deinem Ellenbogen auf die Steckdosenleiste gestützt.

Und nun?

Nun geht der PC an.

So ein Mist! Was soll ich denn jetzt machen?

Warten, bis Frauchen oder Herrchen kommt.

Gibt das Ärger?

Nee, glaub ich nicht. Aber du bist auch manchmal ein bisschen paddelig ...

Komm, wir gehen ins Bettchen ...

Kapitel 19
Wenn's mal dringend wird ...

06.01.08

Ich habe jetzt schon Löckchen an meinem Louis-Bäuchlein. Hat Frauchen gesagt. Sie kämmt mich ja jeden Morgen. Mittlerweile finde ich das ganz cool.

Als ich heute wieder rücklings auf ihrem Schoß lag zum Kämmen, hatte ich nicht so die große Lust und dachte, ich steh denn schon mal auf ... Außerdem musste ich mal ...

»Halt, Louis! Du hast zwei Louis-Seiten. Und ein Louis-Bäuchlein und einen Louis Rücken. Und am Schluss kommt dein Schwänzchen.«

Dann mach mal schneller, Frauchen, ich muss mal!

»Siehst du, und wenn wir fertig sind, haben wir im Kamm jedes Mal einen Mini-Louis ...«

Nach dem Kämmen bin ich noch schnell auf die Waage gehüpft, das mach ich jeden Morgen, und dann bin ich runtergeflitzt. Als ich dann auf dem Klo war, hatte ich das so eilig, dass ich glatt das Deckelchen aus der Verankerung gehoben habe. Aber das konnte ich ja nun nicht mehr ändern. Und Frauchen ist ja oben geblieben. Deswegen hat sie es nicht gleich gemerkt. Na ja, und als ich dann fertig war, ging alles über den Rand. War ja kein Deckelchen mehr drauf, jedenfalls nicht mehr so richtig. Dann lag alles auf dem Fußboden.

Tigi musste später auch mal aufs Klo. Der Deckel hing da immer noch »auf halb acht«. Tigi hat dann auch noch mal alles raus geschaufelt ...

Frauchen hat es dann irgendwann entdeckt. »Ach du je, wart ihr beide zugleich auf dem Klo? Wie sieht es denn hier aus? Ihr könnt doch nicht einfach den Deckel abmachen ...«

Du bist ja selbst schuld, Frauchen, warum kämmst du mich

auch so lange! Aber das war alles nicht so schlimm. Frauchen macht sich nämlich schon wieder Sorgen um mich. Als sie mich heute Morgen gekämmt hat, hat sie hinter meinem rechten Schulterblatt eine kleine Beule entdeckt. Dann war erst mal wieder »Holland in Not«. Natürlich hat sie Herrchen gesagt, dass er unbedingt morgen eher Feierabend machen muss, damit wir zum Tierarzt gehen können.

Frauchen macht sich nämlich doppelt Sorgen. Sie sagt, seit ein paar Tagen habe ich Schnupfen. Ich muss immer niesen. Na ja, nicht immer. Aber so einmal am Tag schon.

Und Tigi hat wieder ihre Allergie. Frauchen ist fix und fertig ...

Kapitel 20
Unsichtbare Hilfe gegen Fridolins Erbe

07.01.08

Frauchen, Frauchen, ich hab ganz großen Hunger!
»Louily, nicht immer zwischen die Beine laufen!«
Doch, damit du mich auch ja siehst!
»Das ist gefährlich, Schatz, dann kann passieren, dass ich auf dich drauf trete.«
Das machst du nicht, Frauchen, das weiß ich. Dafür bist du viel zu lieb!
»Weißt du, das passiert manchmal aus Versehen. Nun geh mal ein Stück zur Seite, damit ich eure Unterlagen fürs Frühstück sauber machen kann. Och, Louis, nicht! Du kannst doch nicht mit Anlauf da drauf springen und die Unterlagen als Surfbrett benutzen ...«
Frauchen, das rutscht so schön auf den Fliesen! Probier das doch auch mal!
Manchmal wundere ich mich, mit wem Frauchen immer spricht, wenn sie Tigi und mir das Essen bringt. Sie redet dann ganz freundlich mit jemandem, der irgendwo sitzt, glaube ich jedenfalls. Ich sehe bloß niemanden ...
Sag mal, Tigi, mit wem redet Frauchen eigentlich?
Mit dem lieben Gott.
Wer ist das denn?
Das ist jemand, der uns beschützt.
Und was erzählt sie ihm immer?
Sie bedankt sich, dass wir jeden Tag zu essen haben.
Aber Herrchen kauft doch das Essen!
Stimmt schon, aber das macht man so.
Wer macht das?
Na ja, alle Menschen, die an den lieben Gott glauben.

Können wir den denn nicht mal einladen, wenn er so nett ist und uns immer was zu essen gibt?

Das geht nicht. Der liebe Gott ist keine Person, man kann ihn nicht sehen. Nicht so, wie wir uns sehen.

Hmm, das verstehe ich nicht.

Frauchen sagt, der sitzt im Himmel.

Welches Zimmer ist das denn?

Das ist nicht hier. Das ist irgendwo da oben. Wenn du draußen auf dem Balkon sitzt und mal hoch guckst. Man sieht es eben nicht, man muss es glauben. Der Glaube ist etwas, das einem Kraft verleiht und einem Mut gibt, wenn man ihn braucht.

Fährt der liebe Gott nachher auch mit mir zum Onkel Doktor?

Wenn du ihn ganz lieb bittest, dann tut er das auch.

Ich will nämlich nicht wieder gepiekst werden.

Ich bin mir ganz sicher, dass er gut auf dich aufpassen wird!

Danke, Tigi. Jetzt habe ich auch keine Angst mehr!

Ich hatte mich hingelegt, mit Tigi im Büro. Tigi auf ihrem »fliegenden Teppich« und ich auf Frauchens Bürostuhl.

Frauchen sagt immer »fliegender Teppich«, weil er an der Heizung hängt. Das ist Tigis Lieblingsplatz.

Dann kam plötzlich Frauchen rein. Sie hatte uns nicht gesehn. Dann hat sie sich erschrocken. Weil wir so friedlich da lagen. Und uns einfach nur mal angeguckt haben. So langsam geht das nämlich schon besser mit Tigi und mir. Ich krieg zwar immer noch einen auf den Deckel von Tigi, manchmal einfach nur so, aber es wird schon weniger. Und wenn wir dann so friedlich zusammen liegen, dann freut sich Frauchen ganz besonders doll.

»Oh, ihr Süßen, das ist ja toll. Liegt ihr da einfach so lieb beisammen! Ich geh auch ganz schnell wieder. Ich will euch nicht stören.«

Frauchen ist manchmal schon echt niedlich. Später hat sie die Balkontür aufgemacht. Da wollt ich natürlich gleich raus. Den lieben Gott angucken. Das ging aber gar nicht. Ich kam gar nicht raus. Da war so was Weißes, Kaltes auf dem Balkon. Und nass war es auch noch. Eisig kalt. Igitt! Da konnte man gar nicht raus. Lieber Gott, das geht jetzt nicht, ich kann dich nicht besuchen. Da hat jemand was auf den Balkon getan.

»Na, Louis? Traust du dich nicht?«

Du gehst ja auch nicht raus, Frauchen.

»Das ist Schnee, kleiner Mann. Magst du das nicht?«

Wie kann man so was eklig Kaltes, Nasses denn mögen?

»Guck mal, mein Kleiner, Tigi ist doch auch draußen.«

Die spinnt ja auch!

»Du bist doch kein kleiner Warmduscher, oder doch?«

Das war jetzt aber gemein!

»Och, mein Süßer, das hab ich doch nicht so gemeint! Komm, Schatz, wir müssen gleich los. Zum Onkel Doktor!«

Na und dann sind wir auch wieder dahin gefahren. Jetzt kannte ich das ja schon ein bisschen. War doch ganz gut, dass ich dem lieben Gott mal Hallo gesagt habe und dass er auf mich aufpassen soll.

Der Onkel Doktor war nämlich ganz lieb. Er hat in mein Näschen geguckt und gesagt, der Schnupfen kommt von der Impfung. Das kann schon mal passieren. Weil das nämlich Lebendviren sind.

Verstanden hab ich's zwar nicht, aber ist ja auch egal. Hauptsache, nichts Schlimmes!

Und die Beule kommt auch von der Impfung. Das geht mit der Zeit weg. Na, das war ja wieder ein schöner Moment für Frauchen. Sogar der Wauzi vom Onkel Doktor kam unter dem Tisch raus. Er hat Frauchen die Hand geleckt. Ich glaub der hat sich auch mit uns gefreut.

Der Onkel Doktor hat gesagt, dass er sich für den Knochen

bedanken will. Frauchen hat Fips nämlich einen Knochen zum Geburtstag geschenkt.

Und das mit Tigi, sagt der Onkel Doktor, das kriegen wir auch schon wieder hin. Jetzt müssen wir einfach wieder Geduld haben. Vielleicht konnte sie das Futter nicht ab, was sie von mir genascht hat. Vielleicht hat sie aber auch der kleine Fridolin gebissen, den ich damals hatte. Zum Glück ist sie nicht auf mich allergisch, sagt der Onkel Doktor, denn wenn das so gewesen wäre, hätte Tigi schon viel früher darauf reagiert. Ich bin ja jetzt schon über vier Wochen hier.

Jedenfalls kann es jetzt bestimmt wieder drei Wochen dauern, bis ihre Schwellungen weniger werden.

Ich werde dem lieben Gott noch mal Hallo sagen und ihn bitten, dass er Tigi auch hilft! Bei mir hat's ja auch geklappt! Danke, lieber Gott!

Kapitel 21
Die kleinen Hürden des Alltags

08.01.08

Frauchen sagt, ich seh aus wie ein Pullover ... Also, das war so: Ich lag wieder einmal zum Kämmen auf ihrem Schoß, da hat sie in meine Öhrchen geguckt.

»Die sind aber schön rosa! Genauso niedlich rosa wie deine kleine Zunge. Zusammen mit deinem silbergrauen Puschelfell bist du echt ein kleines Model.«

Was ist denn ein Model?

»Ich hab früher mal einen Pullover gestrickt, der hatte die gleichen Farben, weil ich sie so hübsch fand!«

Wenn ich ein Model bin, sehe ich also aus wie ein Pullover?

»Schatzi, nun lieg mal still! Ich bin noch nicht fertig.«

Was ist Tigi denn? Die hat ja auch 'ne rosa Zunge, aber schwarze Öhrchen und ein schwarzes Kleidchen.

»Komm, Schatz, Kämmen ist keine Kür, das ist ein Pflichtprogramm.«

Ich möchte aber zu Tigi, ich will sie fragen, ob sie auch ein Pullover ist.

»Du kannst ja gleich weg. Die Beinchen fehlen noch.«

Mach schon, Frauchen, ich will runter.

»So, jetzt bist du wieder hübsch für deine kleine Prinzessin.«

Ach so, wenn man schwarz ist, ist man eine Prinzessin! Dann hab ich ja heute zwei Prinzessinnen, Frauchen. Du hast ja auch was Schwarzes an ...

Übrigens, Frauchen hatte heute wieder ihren Putztag. Weihnachten ist ja vorbei und nun, sagt sie, wird alles wieder abgebaut. Als sie dann fertig war, hab ich mich ganz doll gefreut. Dann hatte sie wieder Zeit für mich.

Komm Frauchen, spielen!

»Na, mein Süßer, jetzt geht das doch nicht. Ich bin noch nicht fertig.«

Bist du wohl! Hab ich doch gesehn! Komm! Fang mich! Huch!?! Was ist das denn? Ich kann ja gar nicht mehr laufen ... Das ist ja komisch ... Ich geb Gas und komm gar nicht vorwärts. Obwohl die Beinchen ganz schnell laufen. Da hat Frauchen wohl was Komisches auf den Boden getan. Ich probier's noch mal. Hey, das rutscht ja cool! Was ist das denn? Das kenn ich ja noch gar nicht!

»Schatzili, das geht jetzt noch nicht. Warte doch mal ...«

Nee, nee. Das gefällt mir! Heeyyy, und noch mal! Das ist so, als wenn man auf der Stelle läuft und gar nicht vorwärts kommt. Das ja lustig! Und dann bin ich umgefall'n ...

»Och, Loui-Boy, ich hab doch gesagt: noch nicht! Der Boden ist noch nicht trocken. Du rutschst doch auf den Fliesen aus ...«

Als Frauchen fertig war, sind wir noch alle auf den Balkon gegangen. Erst Frauchen, dann Tigi und dann ich. Frauchen ist durch die große Tür und Tigi durch die kleine. Wir haben nämlich ein Extra-Türchen, das ist nur für uns! Ich kann das aber noch nicht so gut. Tigi geht da immer ganz schnell durch.

Frauchen will mir das auch beibringen. Sie hat dann das Türchen aufgehalten. Ich bin aber noch so klein und die Beinchen sind ein bisschen kurz. Vorne war ich dann schon durch, aber dann bin ich hängen geblieben ... mit meinem Bäuchlein ... der Rest von mir war dann noch drinnen ... ich kam dann nicht mehr weiter.

Frauchen musste mich von hinten anschieben, damit der Rest von mir dann auch noch durchflutschte. Dann ging's vorne plötzlich bergab und ich bin vornüber geplumpst. Bis ich mit meinen Vorderpfötchen unten angekommen bin, hing mein Poschi schon ganz in der Luft und ich hab einen Handstand gemacht.

Ich glaub, ich nehm lieber noch das große Türchen ...

Kapitel 22
Ein Louis namens »Babe«

09.01.08

Morgens bekomme ich eigentlich immer pauschal eine Ohrfeige von Tigi. Ich hab mich schon dran gewöhnt. Ich glaub
sie braucht das einfach, um mir zu imponieren. Sie tut mir ja
auch nicht weh, das nicht, aber so toll find ich das auch wieder
nicht. Na ja, was soll's?

Wenn ich morgens aufgewacht bin und mich recke, lacht
Frauchen immer, wenn sie es mitkriegt. Ich mach dann nämlich immer einen ganz großen Buckel und einen Kringel in
mein Schwänzchen.

»Louis, was machst du denn? Du bist doch kein Schweinchen. Du kannst doch keinen Kringel in dein Schwänzchen
machen. Das sieht ja lustig aus.«

Wieso denn nicht? Das geht doch ganz automatisch!

»Das hab ich ja bei Tigi noch nie gesehn.«

Kann ja sein. Dafür ist ihrer vielleicht ja auch zu lang. Bis
sie den gekringelt hat, ist sie mit dem Recken doch schon
längst fertig.

»Sagt mal, ihr beiden, ich find das ja super toll, dass ihr jetzt
ab und zu mal beide bei uns im Bett schlaft. Aber, Louis, wenn
du nachts ins Bettchen kommst, machst du das mit so einem
Schwung, dass man immer gleich wach wird ...«

Klar, ihr sollt es ja auch mitkriegen und euch freuen, wenn
ich komme!

»Tigi ist da ganz anders. Sie schwebt quasi ins Bett. Sie
macht das so vorsichtig, dass sie plötzlich da ist und sich anku-
schelt, ohne dass man davon gleich hellwach und senkrecht
im Bett sitzt!«

Ich finde es gut, wenn ihr merkt, dass ich komme. Ich hüpf

eben gerne und wenn ihr dann zufällig gerade schlaft, wenn ich mich so ganz doll freue, dass ich im Bettchen bin, dann kann ich ja nichts dafür. Ihr könnt ja später ins Bett gehen, mit mir, dann schlafen wir zusammen ein!

Kapitel 23
Die Fast-Food-Folgen

10.01.08

Herrchen und Frauchen kamen heute erst ganz spät nach Hause. Tigi und mir war schon ein bisschen langweilig und die Essendöschen waren auch schon alle.

Da hat Frauchen uns was gezeigt. »Guckt mal hier, ihr beiden! Wir haben euch was mitgebracht.«

Zum Essen?

»Das ist bestimmt ganz spannend für euch.«

Hauptsache, es schmeckt. Zeig mal!

»Hier sind Fischchen drin. Ganz viele!«

Da werden wir bestimmt beide satt, Tigi und ich!

»Guckt mal, die kommen jetzt ins Aquarium!«

Wie jetzt ...?!?

»Wir setzen sie jetzt noch einen Augenblick auf das Wasser, damit sie sich an die Temperatur gewöhnen können, dann könnt ihr nachher zugucken, wie sie sich mit den anderen vertragen.«

Du musst sie nicht warm machen, Frauchen, ich ess die auch so!

»Louis denkt bestimmt wieder, wir haben was zu essen für ihn mitgebracht ... Louis, das geht nicht, man kann nicht alles essen. Wenn du so weiter machst, siehst du bald aus wie ein Fleischklops ...«

Herrchen, du bist so was von gemein!

Kapitel 24

Ein Eheversprechen

11.01.08

Heute ist ein ganz besonderer Tag! Ich brauchte mir heute Morgen nicht meine Boxhandschühchen anziehen! Tigi wollte nicht mit mir raufen. Ich hatte mich ja schon auf die obligatorische Ohrfeige eingestellt, aber es kam ganz anders. Tigi und ich haben uns verlobt! Hat Frauchen jedenfalls gesagt. Das war so: Als Frauchen wach wurde, lagen wir beide bei ihr im Bettchen. Nebeneinander! Und ich hab Tigi ganz doll lieb gehabt. Ich hab ihr ein Küsschen in den Nacken gegeben. Das war das erste Mal, dass ich das durfte! Das hat ihr richtig gut gefallen.

Frauchen sagt, Tigi ist jetzt ein bisschen in mich verliebt. Mann, war ich stolz! Ich wusste gar nicht, was ich zuerst machen sollte. Das fand ich so klasse! Endlich mal keine Ohrfeige am Morgen. Huijuijui!

Frauchen sagt, Tigi ist rollig. Ein bisschen. Ich weiß nicht so genau, was das ist, aber ich find's gut. Tigi ist ganz lieb zu mir! Endlich! Ich möchte ihr ganz doll zeigen, dass ich mit ihr schmusen möchte. Aber wenn ich zu stürmisch bin, krieg ich doch wieder eine Ohrfeige. Dann sagt Frauchen, ich soll ganz lieb sein. Tigi braucht jetzt ganz viel Liebe und möchte ganz doll schmusen. Na, das mach ich doch!

Und zu Tigi sagt sie, sie soll es mir nicht übel nehmen, wenn ich zu stürmisch bin. Ich bin ja noch so klein. Und ich weiß eigentlich noch gar nicht, was ich mit mir so recht anfangen soll. Jedenfalls bin ich richtig glücklich. Das ist so schön! Tigi ist endlich lieb zu mir und ich kann mit ihr kuscheln. Mann, ist das Leben schön!

Frauchen rennt jetzt nur noch mit dem Fotoapparat hinter

uns her, weil sie das gar nicht glauben kann. Sie filmt uns und
sie ist so stolz!

Als wir vor dem Badezimmer Arm in Arm lagen, hat Frauchen so gestaunt, dass sie erst mal die Badezimmertür aufgemacht hat und Herrchen das erzählt hat.

»Guck mal, das glaub ich ja nicht! Louis und Tigi liegen hier
zusammen. Und schmusen! Das ist ja echt ein Ding! Sooo viele
Küsschen aufs Öhrchen hat sie ja noch nie bekommen. Ich bin
richtig gerührt! Das hab ich mir so für euch beide gewünscht.
Ist das schön!«

Find ich auch. Wir haben dann den ganzen Tag über eigentlich immer so weiter gemacht. Gekuschelt, gerangelt, das war
alles irgendwie so anders.

Tigi gibt jetzt oft so komische Laute von sich. Ich weiß gar
nicht, was ich darauf antworten soll. Aber ist ja auch egal,
Hauptsache, sie mag mich!

Vorhin ist Frauchen beim Fernsehgucken eingeschlafen. Da
hatte ich mich zu ihr auf die Decke gelegt. Ich lieg immer
gerne so zwischen ihren Füßen. Ich bin irgendwann eingeschlafen. Dann wurd ich wach.

Tigi kam tatsächlich auch zu uns. Hat sich da einfach dazu
gelegt! Dann lagen wir da zu dritt auf der Couch. Das war echt
gemütlich! Ich hab Tigi dann geputzt und sie mich.

Eigentlich wollte Frauchen ja schlafen, aber damit war's
jetzt vorbei. Sie fand uns so süß!

Tigi ist dann irgendwann runter gegangen von der Couch.
Wahrscheinlich war's ihr zu eng. Sie wollte, dass ich mit-
komme. Ich hatte aber keine Lust. Bin dann liegen geblieben.

Tigi saß unten und hat gewartet. Nöö, hab ich gedacht, ich
bin jetzt kaputt. Ich komm später, Tigi. Tigi ist ja raffiniert!
Wenn sie sich was in den Kopf gesetzt hat, lässt sie ja auch
nicht locker ... Sie weiß ganz genau, dass ich nicht widerste-
hen kann, wenn jemand mit der Zeitung raschelt. Und was
macht sie ...? Klar, mit der Zeitung rascheln! Und wie! So doll,

dass ich nicht anders konnte. Ich musste einfach mitrascheln. Schwupp, war ich runter von der Couch. Aber das wollte sie ja nur! Jetzt wollte ich mit ihr spielen und was war? Nichts! Sie wollte nur, dass ich ihr wieder ins Öhrchen beiße! O.k., kannst du haben. Hamm! Wolltest du doch so! War wohl 'n bisschen doll. Sie wollte natürlich wieder nur schmusen. Mädchen können manchmal schon nerven ...

Kapitel 25
Ladies and Gentlemen

12.01.08

Tigi und ich können jetzt auch mal gleichzeitig aufs Klo. Also, ich meine, nebeneinander. Frauchen sagt, jetzt muss nicht immer einer draußen warten, bis der andere fertig ist. Herrchen hat uns nämlich ein zweites Toilettenhäuschen gekauft.

Sie hat gesagt, wir haben jetzt ein Herren- und ein Damenklo. Sie hat es dann auch schön sauber gemacht, mit ganz heißem Wasser, dann hat sie Streu eingefüllt, und dann sind wir natürlich beide nur noch aufs neue Klo gegangen. Ist ja auch viel schöner.

»Was macht ihr denn da wieder? Was glaubt ihr wohl, warum ihr jetzt ein zweites habt? Ihr sollt doch beide benutzen!«

Nö, warum denn?! Das neue ist doch viel interessanter!

»Das sind beides ganz genau die Gleichen. Extra, damit ihr euch nicht streitet.«

Glauben wir dir ja, Frauchen, jetzt muss aber erst das Neue eingeweiht werden!

Kapitel 26
Eine ganz besondere Zeremonie

13.01.08

Manchmal finde ich das Kämmen morgens richtig klasse. Ich liege dann ja immer gemütlich auf dem Rücken auf Frauchens Schoß. Dann kämmt sie erst mein Köpfchen, dann meine Öhrchen ...
»Na, Louis, was so 'n richtiger Mann ist, der hat auch Haare in den Ohren!«
Da kann ich doch nichts für ...
»Du bist ein richtiger Puschel!«
Dann geht's langsam abwärts mit dem Kamm. Sie schiebt dann ganz vorsichtig mein Köpfchen in den Nacken, damit sie meinen Hals bürsten kann. Sie sagt, ich hab so bestimmte Stellen, die verkletten ganz schnell. Dann nimmt sie meine Ärmchen hoch und kämmt die Achseln, das kitzelt immer ein bisschen, dann kommt das Bäuchlein dran. Dann zieht sie ein bisschen mein erstes Beinchen lang, damit sie die Haare über meinem Kniechen kämmen kann. Frauchen sagt, das ist beim Menschen ungefähr da, wo man seine Leisten hat. Das find ich auch nicht so toll. Das kitzelt auch ganz schön. Ich bin immer ganz froh, wenn sie mich auf die erste »Louis-Seite« legt, da bin ich nicht mehr so empfindlich.
Bei Tigi geht das alles viel schneller. Ihr Kleidchen ist ja auch viel kürzer. Frauchen sagt ja immer, sie findet uns beide ganz schick. Wir dich auch, Frauchen!
»Bei euch beiden hat sich der liebe Gott wirklich Zeit gelassen. Er hat euch so hübsch gemacht und mit einem ganz feinen Pinsel euer Kleidchen gezeichnet. Strich für Strich! Ihr seid wunderschön, ihr Süßen! Louily, wenn die Sonne manchmal so

direkt in dein Gesichtchen scheint, hast du Augen wie Terence Hill ...«

Wer ist das denn? Ach, ist ja auch egal! Und danach muss ich mich recken, ganz ausgiebig. Frauchen lacht dann immer.

»Wie machst du das denn bloß schon wieder, Louis, du bist doch kein Schweinchen. Du kannst doch nicht immer ein Kringel in dein Schwänzchen machen!«

Ich hab's dann noch mal versucht zu erklären. Also, das geht so: Wenn ich gerade mein Buckelchen mache, dann nehme ich den ersten, hinteren Teil vom Schwanz hoch. Dann mache ich mit dem nächsten Stück wieder eine scharfe Kurve nach unten. Und die Schwanzspitze lege ich dann anschließend ganz sanft wieder nach oben, neben die erste Kurve ... Jetzt klar, Frauchen?

Kapitel 27
Salto à la Louis

14.01.08

Mann, Mann, heute hab ich mich vielleicht erschrocken! Da lieg ich doch so schön bei Frauchen morgens im Bettchen. Frauchen schläft auch noch. Plötzlich bewegte sich was unter der Decke. Aha, dachte ich im Halbschlaf, jetzt wird sie wach. Und dann, ganz plötzlich – huuuiiiiiiih – ging's schwuppdiwupp mit einem Riesensalto gegen die Bettkante! Ach du meine Güte, was ist denn nun los, dachte ich und hab erst mal geschrieen.

»Huch, Louis, oh Je, oh Je, ich hab gar nicht gemerkt, dass du auf meinen Beinen gelegen hast.«

Mir war ganz schwindelig, so schnell hab ich mich noch nie gedreht ...

»Mein Süßer, das wollte ich nicht! Hast du dir weh getan?«

Nee, mir ist nur schlecht ...

»Spatzi, bist du runtergerollt?«

Das kann man wohl sagen! Frauchen hat nämlich im Schlaf die Beine angezogen und ich lag auf ihren Knien. Ich bin also im Schnelldurchlauf mit ihren Knien hochgehoben worden. Und weil ich ja noch geschlafen habe, hab ich natürlich überhaupt nicht so schnell reagiert. Kaum war ich oben, bin ich dann auch schon wieder von ihren spitzen Knien runtergerollt; ich hatte mich ja nicht festgehalten. Und, wie in der Achterbahn, ging's dann flott wieder abwärts, genau gegen die Bettkante!

Irgendwie war heute kein besonders schöner Tag. Kaum hatte ich mich von meinem Salto erholt, dachte ich, geh mal ganz entspannt mit Tigi spielen. Sie hatte auch Lust, wir sind dann in vollem Tempo übers Bett gehopst, die Treppe wieder runter geschossen, und dann waren wir so in Fahrt, dass ich die Holzkiste am Kamin nicht gesehn hab ... Na ja, und dann bin ich voll dagegen gerast. Aua, aua, und das tat so weh!

Tigi musste erst mal pusten. Wenn sie sich im Moment so mit mir beschäftigt, ist sie manchmal richtig aufdringlich. Ich kenn sie ja eigentlich ganz anders, von wegen, erst mal eine Ohrfeige und so ... Aber jetzt gurrt sie so komisch, dann beißt sie mir ins Hälschen oder ins Öhrchen ... ich weiß gar nicht so recht, was sie von mir will! Und wenn ich dann zurück beiße – steht mir ja schließlich zu! – dann quakt sie rum, das will sie auch nicht!

Frauchen sagt dann immer, Tigi ist jetzt richtig rollig. Und dass ich das erst so richtig verstehe, wenn ich erwachsen bin. Ich hab aber keine Lust, so lange zu warten.

Kapitel 28

Das schwarze Loch

15.01.08

Wenn Frauchen morgens wach wird, geb ich ihr meistens ein Küsschen. Sie freut sich dann immer so. Manchmal macht sie auch ihren Mund ganz doll auf. Da kann man richtig reingucken, das ist ein ganz schön großes Loch ...!

Ich bin ja neugierig, und als sie dann heute gerade ihren Mund so richtig aufgemacht hatte, dachte ich, ich guck da mal rein! Mal sehen, was es da so Interessantes zu entdecken gibt. Mein Köpfchen war dann ganz schnell drin, im großen schwarzen Loch ... Und wenn man dann so weiterschnurrt, hört sich das ganz komisch an, so hohl!

»Louis, was machst du denn? Du bist mir einer! Du kannst doch nicht dein Köpfchen in meinen Mund stecken, wenn ich gähne ...«

Und wieso nicht?

»Da kann ich ja gar nicht zu Ende gähnen, weil ich so lachen muss.« Dann hat sich Frauchen, glaub ich, gerächt. Sie hat mich dann später wieder auf ihren Schoß gelegt und gesagt: »So, mein Schatz, jetzt gibt es noch mal was ins Mündchen, was nicht so toll schmeckt.«

Ach du Je, was kommt denn nun?

Dann hatte sie wieder das lange Ding. Ich hab das wiedererkannt.

»Komm mal her, Schatz.«

Frauchen, ich guck auch nie wieder in deinen Mund, wenn du gähnst.

»So, Spatzi, mach mal schön dein Mündchen auf! Schwupp! Soo, siehst du, geht doch!«

Buuäääh, und wieder alles in meinen Kragen! Frauchen,

das klebt doch so!!! Warum krieg *ich* das denn immer bloß und Tigi nie?!!!

»Jetzt hast du erst mal Ruhe davor, mein Kleiner.«

Kann ich das glauben??? Ich bin dann erst mal weg gesprintet. Erst mal runter. Frauchen kam auch runter. Sie hat die Blümchen gegossen, in dem Zimmer, wo die Tür meistens zu ist.

Ich war so einfach mitgegangen, weil ich ja manchmal ein bisschen neugierig bin. Frauchen war aber schneller. Plötzlich war das Türchen wieder zu. Und Frauchen war draußen.

Ich war aber noch drinnen und Frauchen hat das gar nicht mitbekommen. Schiet, dachte ich, und nun? Ich hab dann erst mal einen Augenblick gewartet. Tat sich aber nichts. Dann hab ich mal leise gerufen. Hat aber keiner gehört. Ich hab's dann ein bisschen lauter probiert. Immer noch nichts! Dann hab ich alles gegeben! Dann kam endlich eine Antwort!

»Louis, was ist los?« Sie hat mich nicht gefunden. »Louis, wo bist du?«

Na, hier doch!!!

»Tigi, such mal mit! Wo ist Louis?« Dann ist Frauchen erst nach oben gelaufen, anschließend wieder nach unten, obwohl ich ganz deutlich miaut habe!

Endlich ging das Türchen wieder auf. Ich war auch schon ein bisschen heiser.

»Hier bist du! Oh Mann, mein Kleiner, wenn man nicht immer und überall auf dich aufpasst ...«

Kapitel 29
Wenn der kleine Hunger kommt ...

16.01.2008

»Na, mein kleiner Louis-Schatz, das ist aber schön, dass du uns begrüßt.«

Da bist du ja endlich wieder! Mach schon, ich hab Hunger!

»Was ist denn, Purzelchen, was quietschst du denn so?«

Hab ich doch gesagt, ich hab Hunger!

»Möchtest du was essen?«

Klar! Ganz schnell! Mein Bäuchlein knurrt!

»Wart mal noch, Schatzi, lass mich erst die Sachen wegräumen.«

Das geht nicht! Ich kann jetzt nicht warten!

»Hilfst du mir? Komm, wir packen die Tüten aus!«

Frauchen, ich spring in die Blumen, wenn du jetzt nicht sofort ein Döschen aufmachst!

»Wo willst du denn hin, Schatzi?«

Wirst du ja sehen!

»Schatzi, was machst du da für einen Lärm?«

Guck doch selbst!

»Louis, hey, was soll das denn?«

Frag doch nicht, du weißt doch, dass ich nicht warten kann, wenn ich Hunger hab!

»Du kannst doch nicht einfach in die Blumen springen! O. k., du hast gewonnen, dann komm schon, ich mach dir ein Döschen auf...«

Siehst du, geht doch!

Kapitel 30
Gut Ding will Weile haben ...

17.01.08

Huhu, Frauchen! Ich bin jetzt wach! Komm schon, du musst auch aufstehn! Tigi! Hilf mir mal, Frauchen zu wecken!

Lass sie doch schlafen ...

Ich weiß! Ich rüttle mal an der Wolldecke.

»Ooh, Louily, was zupfst du denn?«

Siehst du, Tigi, das klappt. Ich zupf noch mal, ganz doll, guck! Das klappt!

»Schieti! Ist schon wieder Happa-Zeit?«

Nun komm endlich! Ich muss gleich mit Tigi spielen!

Louis, ich will nicht spielen. Wenn wir schon was zusammen machen wollen, dann lass uns kuscheln! Kommst du?

Wie bitte? Das glaub ich ja nicht!

Ja, das ist manchmal so.

Hmm, du haust mich doch immer ...

Stimmt ja gar nicht, komm, lass uns schmusen!

Das hast du schon so oft gesagt! Außerdem nervst du im Moment!

Ich find dich im Moment so 'n bisschen ganz schön aufdringlich! Schreist im ganzen Haus rum, bis ich endlich komme, und wenn ich dann da bin, krieg ich erst mal eine Ohrfeige!

Na ja, du musst ja auch noch viel lernen ...

... und überhaupt! Wieso muss ich jetzt immer mit dir mitkommen? Wir gehen überall da hin, wo ich sonst nie mit durfte! Sogar ins Körbchen ... sogar zusammen ... und dann knabberst du an meinem Öhrchen und ich muss an deinem Öhrchen knabbern ...Was willst du eigentlich von mir?

Ach, Kleiner, komm lass uns erst mal essen gehen ...

»So, Tigi, nun nimm mal deine kleine Bumsrübe aus dem Weg, damit ich das Tellerchen hinstellen kann.«

Also, nun ist aber gut!!! Das ist ja echt gemein!

Ohh, das ist ja wieder lecker ... Mmh! Ich kann manchmal nicht anders, ich muss knurren, das ist wieder so lecker!

»Na, Louily, was wird das denn, wenn das fertig ist?«

Na, das hörst du doch. Ich knurre!

»Schieter, das musst du aber noch üben.«

Wieso das denn?

»Mein Kleiner, das ist aber noch ein Baby-Knurrerchen ...«

So aber nicht, Frauchen, ich will ernst genommen werden!

Kapitel 31
Klein, stark, spitz ...

18.01.08

Schiet, ich glaub ich hab wieder was falsch gemacht ...
Da war ich im Esszimmer und mir taten irgendwie die
Zähnchen weh. Ich hatte so das Gefühl, ich muss mal ganz
doll kauen ... Na ja, und da war das Kissen ... Da waren so
lange Bändchen dran. Eigentlich wollte ich nur damit spie-
len ... dann hatte ich so 'n Bändchen plötzlich im Mündchen.
Dann hab ich drauf gekaut ... Hmm, das ging gut! Da musste
man richtig doll kauen.
Und dann kam Frauchen...»Louis, nicht! Nicht das Bänd-
chen abkauen!«
Warte Frauchen, ich bin gleich so weit!
»Hey! Nicht darauf rumkauen!«
Gleich! Hmm, gleich, ich hab's gleich!
»Louis!«
Nicht schubsen, Frauchen, och Mann! Ich war doch noch
nicht ganz fertig!
»Louis, sag mal, was soll das denn! Du kannst doch nicht
das Bändchen vom Stuhlkissen abkauen!«
Das konnte ich nicht verhindern, Frauchen, ich musste ein-
fach ...
»Und voll gesabbert ist es jetzt auch noch ...«
... weil ich so in Fahrt war ...
»Das sieht doch blöd aus, weil ich das jetzt wieder annähen
muss! Das wird man jetzt immer sehen!«
... tschuldigung ...

Kapitel 32
Rolling Home ...

19.01.08

Also, ich hab Tigi heute noch mal genau beobachtet, sie benimmt sich ja echt komisch. Ich finde, das wird echt immer schlimmer mit ihr. Frauchen verdreht auch schon manchmal die Augen, aber sie sagt, das ist eben so. Heute hat Frauchen mich gerufen: »Louis, Louis! Komm mal schnell her, ich möchte dir mal was zeigen!«

Ist das denn so wichtig?

»Komm, ich will dir mal zeigen, warum man sagt: Tigi ist rollig.«

Na gut, ich komm ja schon.

»Guck mal hier, was Tigi auf dem Fußboden macht!«

Ist ihr schlecht?

»Sie rollt sich wie ein Aal auf dem Fußboden.«

Hat sie was Schlechtes gegessen, Frauchen? Hilf ihr doch mal!

»Louis, so verhalten sich Katzenmädchen, wenn sie ganz doll glücklich sind.«

Die ist bestimmt nur froh, weil ich eben die ganze Zeit oben geschlafen habe ...

»Wenn ein kleines Katzenmädchen in einen Katzenjungen verliebt ist und die beiden zeigen, dass sie sich ganz doll mögen, dann rollt sich das Mädchen ausgiebig auf dem Fußboden herum, Louis, siehst du?«

Das sieht ja komisch aus ...

»Das dauert eine ganze Weile und dann fängt das Mädchen wieder an, ihren Liebsten zu rufen, und alles fängt wieder von vorne an.«

Nee, danke, mir reicht das jetzt schon! Wenn ich ihr Theater sehe, dann hab ich da einfach keine Lust mehr drauf. Erst ruft sie, dann komm ich, bin ich da, krieg ich 'ne Ohrfeige ...

»Louis, warte doch mal, du musst doch nicht gleich wieder hochgehen, sie ist doch noch nicht fertig, guck doch noch ein bisschen zu.«

Na ja, elegant sieht das ja aus, was sie da macht. Sie rollt sich echt grazil und geschmeidig über den Teppich. Was das Zeug hält! Ich würd das nicht so hinkriegen ...

»Und weil du noch so klein bist, Louis, kannst du noch nicht wissen, was sie jetzt möchte. Daher darf sie im Moment auch nicht alleine auf den Balkon. Tigi sucht auf Biegen und Brechen ein Katerchen, mit dem sie jetzt Babys haben möchte. Da hält sie auch kein Balkongeländer von ab ...«

Pah, sie soll sich mal ja nicht einbilden, dass sie mich eifersüchtig machen kann!

Kapitel 33

All inclusive

Los, Tigi, mach schon! Wir müssen uns beeilen! Trödel doch nicht so, wir sind die letzten! Hier, ich hab ein gemütliches Plätzchen für uns reserviert. Das gefällt dir, da kannst du schön ausgucken.

Ich hab schon geguckt, was es nachher zu essen gibt: Hühnchen mit zartem Gemüse. Hört sich echt lecker an, aber ich glaube, das dauert noch ein bisschen. Wir können ja mal nach vorne gehen, da kann man, glaub ich, auch ausgucken ... Huch, das ist aber hoch ... Da wird einem ja schwindelig! Guck mal, da vorne sind ganz viele Vögel! Ach du je, die kommen genau auf uns zu! Komm, lass uns schnell wieder zurück. Hier sind wir sicher. Das passt ja prima, es gibt gerade Happa. Die Tante da vorne hat gerade zu mir gesagt, dass wir dann auch gleich da sind!

Ooh, hier scheint die Sonne aber schön. Es gibt hier auch kein kaltes, weißes Zeug auf dem Fußboden, das die Füßchen so nass macht.

Hallo, Tante Samantha! Du bist ja auch hier! Das ist ja echt klasse, dass es dir wieder besser geht! Frauchen hat mir erzählt, dass du ein paar Tage im Krankenhaus warst. Wie schön, dass du dich so erholt hast!

Mami! Das glaub ich ja nicht! Du bist auch gekommen! Lass dich drücken! Guck mal, wie groß ich schon geworden bin. Es geht mir echt prima bei meinem neuen Frauchen.

Ich möchte euch jemanden vorstellen: Das ist Tigi! Frauchen sagt, das ist meine Verlobte! Wir haben schon viel zusammen erlebt. Jetzt wollen wir uns erst mal erholen. Ich freu mich so, dass wir was zusammen unternehmen können.

Wie geht's denn meinen Geschwistern? Sechs wohnen ja schon nicht mehr bei euch, hat mir mein Frauchen erzählt. Wir werden sie wohl nie wieder sehen … Aber sicher geht's ihnen ganz prima. Dein Frauchen hat bestimmt ein ganz wunderschönes neues Zuhause für alle ausgesucht.

Ich weiß, dass wir hier so viel essen können, wie wir wollen. Ich habe extra darauf geachtet! Guck mal, sieht das nicht lecker aus? Und der Duft! Ich stell mich schon mal an!

Hey, was soll das? Spinnst du?

Lass mich! Hau ab! Lässt du wohl den Teller los! Ich …

»Louis! Hallo, Louis! Was ist denn los? Guten Morgen. Na, mein Kleiner, gut geschlafen?«

Wie? Was? Wo bin ich?

»Komm, Schatz, komm wir kuscheln noch ein bisschen. Ich hab mir schon Sorgen gemacht, weil du so gezuckt hast. Ich hab gedacht, das ist bestimmt ein ganz fürchterlicher Traum, deswegen habe ich dich lieber geweckt.«

Ich hatte mich gerade zum Essenholen angestellt und da kam der Wauzi vom Onkel Doktor und wollte mir mein Tellerchen wegschnappen.

Kapitel 34
Have a Break

20.01.08

Das ist ja alles ganz schön anstrengend, ich mein so richtig anstrengend. Ein bisschen komisch ist es ja schon, dass Frauchen bald wegfährt. Hat sie gesagt. Sie hat gesagt, sie fährt jetzt in Urlaub, und sie hat auch gesagt, dass dann jemand kommt, der auf uns aufpasst, uns versorgt und uns auch ganz doll lieb hat. Eine Tante, die selbst auch zwei Hunde hat. Frauchen sagt, sie kann sich ganz doll auf sie verlassen und Tante Gigi, so heißt sie, kommt dann zweimal am Tag. Obwohl sie so weit weg wohnt. Aber komisch ist es schon …

Frauchen sagt, sie ist so froh, dass wir zu zweit sind. Sie ist die letzten zwei Jahre gar nicht mehr weit weg gefahren, weil sie immer ein schlechtes Gewissen hatte, wenn sie Tigi zu Hause lassen musste. Tante Gigi war zwar auch da, aber ja nur zweimal am Tag. Und den ganzen Rest war Tigi alleine. Frauchen hat gesagt, das geht nicht.

Sie wollte ja aber auch, dass Herrchen zufrieden ist und mal in Urlaub fahren kann. Also hat Frauchen ganz lieb gefragt, ob Tigi einen kleinen Freund haben darf. Und dann kam ich …

Heute ist ja auch wieder der Zwanzigste. Ich mein, ich bin ja auch an einem Zwanzigsten geboren. Da dachte ich mir, jetzt mach ich auch erst mal Pause, so einen kleinen Urlaub. Ich hab ja schon echt viel erlebt.

Nun wart ich mal ab, was Frauchen so im Urlaub erlebt und ob Tigi und ich uns auch weiterhin verstehen. Wir dürfen jetzt »den Laden alleine schmeißen«, sagt Frauchen, »wir sind jetzt Chefmiezen.«

O. k., Frauchen, ich bin dann so weit. Ich drück dich ganz,
ganz doll! Ich hab dich ganz doll lieb!
Komm bald wieder!

Ich bin auf unsere nächsten Erlebnisse gespannt ...

Ebenfalls bei TRIGA – Der Verlag erschienen

Chris Emig
Ich heiße Mobbel
Katzenleben

Mobbel und ihre Freunde schleichen sich nicht nur in die Herzen von Katzenfans. Über einen Zeitraum von 24 Jahren erzählen die Samtpfoten aus ihrem gemeinsamen Leben. Man erfährt, wie diese sensiblen Tiere sich freuen und wie sie trauern können, wie viel Leid manch eine ertragen hat und wie viel Schönes ihnen widerfahren ist.

Sie passen sich dem Leben mit ihren Leuten so gut an, dass sie zum großen Trost in schweren Stunden werden und jedem Trauernden oder Kranken mit ihrer Lebensfreude, Treue und Liebe Mut machen.

Die ganz normalen Hauskatzen streicheln die Seele ihres Menschen. Sie helfen mit ihrem Vertrauen, das Leben positiv zu sehen.

Viele schöne Bilder der Stubentiger runden diese anrührende Geschichte ab.

11,80 Euro. 136 Seiten. Paperback. ISBN 978-3-89774-561-2

Martha Damm

Freddy
Überleben im Stadt-Dschungel

Fünf Jahre alt war Martha Damm, als zum ersten Mal eine Katze
in ihre Familie aufgenommen wurde. Seit dieser Zeit haben viele
dieser liebenswerten Vierbeiner Obhut bei ihr gefunden. Kater
Freddy jedoch ist ein besonderer Vertreter seiner Art: Er ist in der
Lage, uns Menschen Einblicke in ein Katzenleben zu gewähren.
Von seiner ersten Begegnung mit der Autorin als winzig kleines,
verängstigtes Kätzchen, über Besuche beim Tierarzt und Aben-
teuer beim Campingurlaub bis hin zu anderen »tierischen« Be-
gegnungen berichtet er ebenso wie über seine Erfahrungen im
Zusammenleben mit uns Menschen. Martha Damm stellt den
Schilderungen Freddys jeweils ihre eigene Sichtweise gegen-
über.

Ein reich bebildertes Lesebuch – basierend auf Schnappschüssen
der Autorin – nicht nur für Katzenliebhaber.

9,50 €. 176 Seiten. Hardcover. ISBN 978-3-89774-392-2

Evelyn Huppert
Miau, jetzt rede ich
Aus dem Leben eines »Halbtigers«

Cindy, die kleine Halbtigerin, erzählt aus ihrem Leben. Wie sie und ihr Bruder Mäxle als Katzenkinder unter Anleitung der Mutter ihre Welt entdecken. Wie die Geschwister ein neues Zuhause finden. Wie sie ihr Revier gegen fremde Kater verteidigen müssen. Vom Jagen, Spielen, Putzen und vor allem vom Kuscheln, am liebsten im Bett des mit viel Geduld erzogenen Mit-Menschen.

Mit Humor und viel »Katzenverstand« geschriebene Episoden und Gedichte, illustriert mit zahlreichen Fotos.

8,90 €. 96 Seiten. Pb. ISBN 978-3-89774-268-0

TRIGA – Der Verlag
Herzbachweg 2 · 63571 Gelnhausen · Tel.: 06051/53000 · Fax: 06051/53037
e-mail: triga@triga-der-verlag.de · www.triga-der-verlag.de